Mãe de dois

Maria Dolores

Mãe de dois

CIVILIZAÇÃO BRASILEIRA

Rio de Janeiro, 2011

Copyright © Maria Dolores, 2011

Projeto gráfico e capa
Miriam Lerner

CIP-BRASIL. CATALOGAÇÃO-NA-FONTE
SINDICATO NACIONAL DOS EDITORES DE LIVROS, RJ

D694m

Dolores, Maria
 Mãe de dois / Maria Dolores. - Rio de Janeiro : Civilização Brasileira, 2011.
 264p. : 21 cm

 ISBN 978-85-200-1031-0

 1. Dolores, Maria. 2. Maternidade. 3. Mulheres jornalistas - Brasil. 4. Blogs. 5. Pessoas de sucesso I. Título.

11-1265.   CDD: 305.43
                CDU: 316.346.2-055.2

Todos os direitos reservados. Proibida a reprodução, o armazenamento ou a transmissão de partes deste livro, através de quaisquer meios, sem prévia autorização por escrito.

Texto revisado segundo o novo Acordo Ortográfico da Língua Portuguesa.

Direitos desta edição adquiridos pela
EDITORA CIVILIZAÇÃO BRASILEIRA
Um selo da
EDITORA JOSÉ OLYMPIO LTDA
Rua Argentina 171 – 20921-380 – Rio de Janeiro, RJ – Tel.: 2585-2000

Seja um leitor preferencial Record.
Cadastre-se e receba informações sobre nossos lançamentos e nossas promoções.
Atendimento e venda direta ao leitor:
mdireto@record.com.br ou (21) 2585-2002

A Felipe, Daniel e Antônio, com amor e gratidão

Agradecimentos

Escrever é, para mim, mais do que um trabalho. É um vício, uma necessidade. Um pardal que entra na cozinha, como agora, enquanto faço estes meus agradecimentos, é motivo suficiente para eu sentar e escrever. Imaginem, então, quando eu soube que estava grávida pela segunda vez, sem planejar. Precisava escrever sobre essa experiência. E melhor se conseguisse alguém para ler e compartilhar os meus relatos comigo. Por isso, meu primeiro agradecimento é para a diretora de redação do site Bebe.com, Lúcia Helena de Oliveira, e para a editora Ana Holanda, que acolheram a ideia e me possibilitaram publicar o blog *Gravidez e Música*, depois rebatizado de *Mãe de Dois*.

Agradeço também à minha prima querida e escritora Guiomar de Grammond, que, em uma visita rápida a nossa casa, em São Paulo, sugeriu-me transformar o blog em livro. Levei a sugestão para a Luciana Villas-Boas, diretora do Grupo Editorial Record, que havia publicado meu primeiro livro, *Travessia – a vida de Milton Nascimento* e, mais uma vez, decidiu apostar em mim. A ela e à editora Andreia Amaral, o meu muito obrigada.

Ao Thomaz Souto Corrêa, mestre e guia nessa minha caminhada literária, meu eterno agradecimento pelos conselhos e pela primeira leitura dos originais deste livro, quando me disse para cortar boa parte dele, as "gorduras", como diz. Orientação seguida à risca e que, vejo agora, fez muito bem à narrativa.

Tenho um agradecimento especial a fazer: às pessoas que, de uma maneira ou de outra, foram minhas companheiras durante a gravidez e fizeram o possível para que eu e o bebê estivéssemos bem, apesar de toda a loucura que foi realizar o festival paralelamente à gestação. A elas, a minha mais profunda e sincera gratidão: Minha mãe Cintia, tia Betina, tia Suzana, meu pai Rodrigo, Zita, Mariana, Junia, Bituca, Cigarrete, Diego, Vitoria, Keller, Marden, Jean, Kiko, Paula, Grilo, Marina, Alice, Guida, tia Joyce, tio João, tio Márcio, Pedro, Luíza, Dani, Teresa, vó Norma, vó Maria Lúcia, Dr. Hiroshi, Jeane, dra. Marcia Andréa, dr. Soubhi Kahhale, Gilberto Basílio, Jajá, Luciana Mendonça, Tati, Du, Kátia e a todos os que torceram por mim.

Obrigada, ainda, às leitoras do blog *Gravidez e Música*, companheiras de histórias, confissões e dilemas da luta diária de ser mãe, mulher, profissional e tudo o que isso significa.

Por fim, agradeço a três pessoas em especial, pela generosidade não só de compartilhar os seus dias comigo, mas também de me permitir contar parte deles aqui: Felipe, Daniel e Antônio. Sem vocês, esta história não seria possível.

Pré-parto

No dia em que as coisas mudariam, as coisas estavam como sempre. Saí do consultório no horário normal: às 16 horas. Desde que comecei a fazer este trabalho, as tardes de quinta-feira tornaram-se um ritual prazeroso, que começa com o almoço em um restaurante japonês próximo ao prédio comercial na avenida Paulista. Ao meio-dia e meia, em ponto, o doutor espera por mim, na mesma mesa, no mesmo lugar. Ele senta à direita, eu, à esquerda. Na primeira sessão, para variar, paguei um mico. Não podia imaginar que precisaria tirar os sapatos, andar pelo banco e enfiar os pés num buraco carpetado ao sentar. Sorte do dia: a última vez em que eu tive chulé foi no ensino médio. Azar do dia: desde o mesmo período cultuo o hábito de colocar polvilho antisséptico nas meias, às vezes em quantidade um pouco exagerada. E, por mais que eu tenha tentado andar com a ponta do calcanhar, não consegui evitar as pegadas brancas, que ficaram ali o tempo todo, apontando para mim. O doutor fingiu que não viu. Ou realmente não viu. Nunca sei o que os olhos puxados dele veem ou não.

O almoço dura uma hora e meia, com direito a sobremesa (gosto do tofu com limão, mas não consigo gostar do doce de feijão). Se antes eu tinha apenas aprendido a comer sushi, por ter trabalhado no livro de um sushiman, com essas quintas-feiras acabei de me acostumar e até aprendi a comer arroz com pauzinho – o que me faz sentir pertencente, ao menos pelo tempo do almoço, ao charmoso grupo das pessoas que se reúnem para "comer um japonês". Do restaurante, seguimos para o consultório, uma sala pequena que ele comprou há mais de trinta anos e que nunca pensou em vender ou trocar por outra maior. Gosto de duas coisas nela: do cheiro do produto de limpeza que Sheila, a secretária, usa e das duas horas entrevistando o simpático nissei que abandonou a carreira de cirurgião gástrico quando percebeu que, melhor que cortar fora o sintoma de um problema, era buscar as origens e tentar eliminá-lo de uma vez por todas, na raiz. Virou psiquiatra e, aos 70 e tantos anos, coleciona casos de cura. Por insistência dos pacientes, que ele chama de clientes (assim como meu avô dentista chamava os seus, enquanto atendia no gabinete), resolveu contar a sua experiência em um livro. Onde eu entro nessa história? Coleto os depoimentos, uma das variáveis da minha carreira de "jornalista que ainda não sabe aonde quer chegar".

Na verdade, só sei aonde não quero. Não quero fazer carreira na redação de uma revista, nem de um jornal. Não quero ser repórter de TV. Não quero um emprego fixo, longo, duradouro e estável. Não consigo sequer me imaginar batendo o ponto na mesma empresa por 35 anos. Sinto inveja de quem consegue fazer isso, porque tem uma vida mais tranquila, menos cheia de surpresas – nem sempre agradáveis. Eu não sou assim. O que eu quero, então? Ficar sentada escrevendo meus livros e algumas reportagens curiosas, dessas em que é preciso ir para a rua conversar com as pessoas. E, entre um texto e outro, trabalhar com cultura, de preferência música. Por último, claro, ser muito bem paga por isso. É pedir muito? Sonhar não custa, e, enquanto minha vez não chega, faço de tudo um pouco e tenho uma vantagem: gosto do que faço, principalmente quando o fazer é ouvir (um exercício e tanto para mim, o tipo de pessoa que adora falar). Nas quintas-feiras, eu e o doutor temos nossa sessão de terapia ao contrário: ele fala, eu escuto. Faço as vezes de terapeuta, segundo ele mesmo diz. Acho que eu poderia ser uma boa terapeuta. Pelo menos, me interesso pela história das pessoas. É incrível como me identifico com os casos dos clientes. Entre as anotações para o livro, faço asteriscos no meu caderno para o uso privado, coisas que podem ser úteis para a minha vida e meu desenvolvimento como ser humano, essas coisas que a gente tem de buscar. Hoje anotei o que me pareceu útil para o momento que estou vivendo: "Preciso me livrar do sentimento de não merecimento." Em miúdos: da culpa. A culpa que a gente carrega e nem sabe o porquê. Um atraso de vida. Me despedi do doutor, agradecendo pela sessão. Bem que esse trabalho podia durar para sempre, ou até eu conseguir resolver os problemas que tenho e conheço, e os que tenho, mas ainda preciso descobrir.

Geralmente eu pego o metrô mais próximo do consultório, o Brigadeiro, para ir embora. Desta vez, resolvi andar até a estação Trianon–Masp. Espairecer. Demorar um tanto mais para chegar em casa. Antes, desviei um pouco o caminho. Subi as escadas de tapete vermelho do cinema que fica na galeria do prédio. É um cinema antigo, sem movimento (nunca vi público lá), que exibe uns filmes bons, fora do circuito. Tinha vontade de ver como era. Pedi para entrar, conhecer. A mocinha de cabelo cacheado preso e cara de "Estou aqui de saco cheio, morrendo de tédio" me deixou passar. São três salas e, na única aberta, havia dois espectadores: um senhor e uma moça, cada um na sua cadeira, separados por uma melancolia própria às coisas meio mortas, meio vivas, sobrevivendo sem muita convicção.

Saí depressa, porque me deu um medo estranho. Foi uma sábia decisão. Logo me animei com a luz do dia e o movimento da rua. Gosto da avenida Paulista, assim como gosto de São Paulo. Prefiro Três Pontas, no sul de Minas, onde cresci. Mas não me arrependo de ter mudado para cá. Há quatro anos eu e o Felipe decidimos sair de lá com o Daniel, nosso filho, na época com 8 para 9 anos, e viver em São Paulo. Eu vim antes. Encontrei um apartamento, aluguei e trouxemos a mudança. De uma hora para outra e sem emprego fixo, só com frilas de jornalista que eu tinha arrumado e o dinheiro da rescisão contratual do trabalho do Felipe no fórum. Depois, fomos nos acertando e, até hoje, ainda estamos nos ajeitando. A vida aqui é muito cara.

Às vezes me perguntam – ou eu me pergunto – por que ainda estamos em São Paulo. Por que não voltamos para Três Pontas, já que vamos quase todo final de semana para lá e nem de longe passa pela nossa cabeça cortar o vínculo. Não sei. Talvez seja receio de voltar. De perder algo que ainda não encontramos. Talvez estejamos só esperando um bom motivo. Talvez esse motivo tenha aparecido. Talvez.

Não havia mais nenhum compromisso de trabalho para aquela tarde. Nenhum texto para ontem, nenhuma entrevista marcada pelo telefone. Faltavam dois quarteirões para o metrô, então entrei na livraria. Adoro livrarias. Passo horas só abrindo e fechando livros. Gosto do cheiro de papel e de tinta. Gosto de segurar o livro nas mãos e ler a primeira página. Essa técnica ajuda bastante a não errar na hora de comprar um título. Nunca com 100% de acerto. Já encravei com algumas aquisições.

Mesmo sem comprar nada, gosto de andar entre as prateleiras, balcões, sentar e ficar quieta. Me sinto um desses escritores que não têm mais nada a fazer a não ser escrever, e viver do que escrevem. Um desses escritores velhos e solitários (só não queria a parte "solitários"), perambulado de livraria em livraria, de café em café. Um faz de conta. Eu faço muito de conta.

Folheei alguns livros da seção de literatura espanhola e procurei algo interessante na de música. Hoje, 21 de janeiro, eu e o Felipe completamos 15 anos de relacionamento. Começamos a namorar aos 16. Daqui a um ano teremos passado mais tempo das nossas vidas juntos do que separados. O Daniel está passando as férias nas casas das nossas mães, em Minas, então tínhamos combinado de fazer um programa especial à noite – e eu também queria dar um presente para o meu marido. Cheguei a levar a biografia do Eric Clapton até a fila do caixa. Desisti. Era caro e o Felipe não é um leitor tão assíduo assim. Pensei em levar um CD. Mais a ver com ele, que é músico, além de advogado. Mudei de ideia. Não era aniversário nem nada, além do mais, precisava economizar, ainda mais agora, diante da possibilidade. Saí de lá sem o presente – e decidida a esclarecer a dúvida que vinha me perseguindo desde o início do mês. Desde a noite em que, depois de uma aventura romântica embalada por algumas garrafas de Smirnoff Ice, o Felipe disse:

– Você ficou grávida.
– O quê?
– É, você ficou grávida. Está naqueles dias e a gente não se cuidou.

Achei o cúmulo. "Como assim? Você virou adivinho?

Como pode saber mais de mim do que eu? E o que você entende daqueles dias?" Tive vontade de dizer. Fiquei quieta. Sim, ele sabia mais de mim do que eu – ao menos nessa parte. Eu NUNCA sei o dia em que vou ficar menstruada. Há tempos minha ginecologista desencanou de me perguntar nas consultas sobre a data da minha última menstruação. As únicas coisas que sei são: 1) meu peito começa a doer alguns dias antes; 2) quando começo a pensar: "Uai, parece que faz tempo que não menstruo", aí, no dia seguinte, ela vem.

O Felipe costuma fazer as contas melhor que eu. E é mais organizado para algumas coisas. Quando viajamos, ele supervisiona a arrumação da minha mala: "Colocou calcinha?" "Ah, é, tinha esquecido." "Está levando escova de dente?" "Tinha esquecido também..." E ele sempre me salva com as escovas de cabelo, xampu, condicionador e até (sem saber) com o item "roupa íntima". Em uma das nossas viagens, esqueci de levar calcinhas. Antes de sair para comprar e tomar providência, tive de pegar escondido uma cueca dele. Sim, para algumas questões ele sabe mais de mim do que eu, e, por isso, fiquei assustada com a observação sobre a gravidez.

Além de ser o dia do nosso aniversário de namoro, aquele era o primeiro dia do atraso do ciclo menstrual. Segundo eu tinha lido na internet (fonte inesgotável de informações úteis e inúteis), a partir do primeiro dia de atraso, era possível fazer o teste de farmácia. Achei melhor esclarecer as coisas de uma vez por todas. Os planos para comemorar o niver de amor, com bebidinhas, não combinavam muito com "ops, estou grávida". Saí da livraria, andei até o quarteirão da frente e entrei na primeira farmácia que me apareceu. Estava ali, com a baita

aliança de casamento no dedo, diante do balcão, envergonhada, quase vermelha (senti meu rosto quente).
– Posso ajudar? – perguntou o rapaz.
Coloquei a mão esquerda no balcão para deixar clara a minha condição civil. Pedi, contando as palavras, para serem rápidas e fáceis de pronunciar e de ouvir:
– Eu queria um teste de gravidez, por favor.
– Qual? – ele perguntou (podia apenas ter me entregue qualquer um).
– O mais barato (não sei por que escolhi essa categoria de classificação).
Na hora de pagar, outra vez senti meu rosto ferver. Por quê? Por ter medo de parecer uma mulher desesperada para engravidar, que fica testando, testando, testando. E, se fosse isso, qual o problema? Por ter medo de fazer o teste e dar negativo. Por ser, talvez, uma volta à minha primeira gravidez e ao estigma de "ter feito algo errado" por ter engravidado aos 18 anos. Não sei. Nem quero pensar nisso agora (vou deixar para uma das sessões com o doutor). Tinha uma dúvida grande o suficiente com a qual me preocupar: afinal, estava grávida ou não? Paguei os R$ 6,90 e saí com o embrulho nas mãos.

Duas quadras depois, desci pelas escadas do metrô. Gosto de pegar o metrô da linha verde. É tranquilo e limpo (quando estive em Paris, senti um orgulho inflado, diante da sujeira dos metrôs de lá – lógico que na origem do meu orgulho desconsiderei o número de linhas. Em São Paulo temos quatro. Em Paris são 14, enormes, e realmente atendem a cidade toda). Sim, gosto de pegar o metrô da linha verde, gosto em partes. Se pegasse em horário de rush provavelmente não acharia um passeio assim tão simpático. Toda vez fico com um medo idiota de alguém desmaiar atrás de mim ou ter um ataque de espirro e me empurrar da plataforma para os trilhos. Às vezes, só às vezes, sou meio neurótica. Por via das dúvidas, fico esperta, atenta. De olho na retaguarda. Nessa quinta-feira, me desliguei por completo. A cabeça estava em outro lugar. Eu reparava no meu corpo refletido na máquina de refrigerante e não via nada de diferente. Não sentia nada de diferente. Portanto, o Felipe estava errado. Não havia qualquer possibilidade de eu ter engravidado. Sem falar no fato de que conceber uma vida não é algo corriqueiro, segundo minhas pesquisas internéticas. Há apenas 17% de chances de o coito (palavra horrível... se fosse mais bonitinha talvez ajudasse) acontecer no dia exato da ovulação. E são de 35% as chances de o espermatozoide fecundar o óvulo. Depois, a probabilidade desse óvulo fecundado descer corretamente e ser implantado no útero é de menos de 50%. Permanecer lá, firme, forte e crescendo, requer outros tantos por cento e muita força de vontade do futuro bebê, do organismo da mãe e da conspiração da natureza. Engravidar em uma única noite, então, era coisa de novela. Porque, quando eu estava "naqueles dias", tivemos um único encontro. Eu tinha ido a Belo Horizonte com o Daniel, visitar meu pai e meus avós. Cheguei a Três Pontas, encontrei o Felipe e depois viajei. Quando voltamos a nos ver, "os dias" haviam passado.

Não que eu não quisesse ter outro filho. Na verdade, queria muito, tanto eu quanto o Felipe. Mas os planos eram para dali a uns dois anos. E, nem que fosse para este ano, eu teria planejado para qualquer outro mês, menos janeiro. A conta é simples: a gestação dura nove meses. Fecundação em janeiro = parto em setembro. Em setembro acontece o festival. Não vale a pena entrar em detalhes aqui, porque seria outra história longa. O importante é dizer apenas que eu e o Felipe somos os organizadores de um evento de música em Três Pontas que acontece, entre outros lugares, num palco erguido no meio de um pasto, que envolve mais de 500 artistas, um dinheiro que nunca conseguimos captar na totalidade, uma megaestrutura e um público de cerca de 12 mil pessoas em uma cidade cujos hotéis oferecem 350 leitos. Se o nosso filho tivesse que vir por agora, não seria em setembro.

Cheguei em casa com esses pensamentos. O Felipe havia voltado de uma reunião. Me recebeu com um abraço e um beijo carinhoso, afinal, era nosso grande dia. Fui eu a jogar o balde de água fria:

– Comprei o teste.
– Vai fazer?
– Vou.
– Quando?
– Agora.

Pensei em convidá-lo para participar do processo comigo. Desisti. Por mais que o filho, se HOUVESSE filho, fosse nosso, entrar no banheiro, fazer xixi num potinho, mergulhar nele uma espécie de caneta e aguardar três minutos, vigiando a ação da minha urina na fita medidora, não era algo que eu queria dividir com meu marido. Ele ficou do lado de fora, encostado na porta do banheiro. Tão perto que podia ouvir a sua respiração.

– Vai para lá, Felipe, senão você me desconcentra.

Não sei se ele foi embora ou se prendeu o ar. Sei que não tornei a ouvir sinais da sua presença e consegui fazer o xixi. Não foram três minutos. Foram basicamente uns cinco segundos até a tirinha azul começar a aparecer. Uma só. Na bula explicava bem: eram duas tiras. Na foto da caixa as duas apareciam em azul-turquesa. A minha única tirinha era de um azul desmaiado. Se eu estivesse grávida, será que meu filho seria meio apagado? Do tipo de pessoa que passa a vida despercebido? Abri a porta e o Felipe estava colado nela.

— E aí? — perguntou, aflito.

Mostrei a fita. Ele olhou, olhou. Levou para a janela, olhou de novo.

— Eu falei, está vendo? Você está grávida?

Insisti em que aquele exame não era garantido. Que deveriam ser duas faixas nítidas. Ele saiu na mesma hora. Foi à farmácia e pediu outro teste de gravidez, dessa vez, o mais caro. Repeti o procedimento, mais calma. Mais uma vez não apareceram duas tiras determinadas e seguras como as das fotografias. Foram uma e meia, com a nitidez no meio do caminho. Podia haver ainda alguma dúvida. Mas o fato era este: o azul estava ali. As tirinhas também e, segundo a bula, os testes de farmácia podem dar falso-negativo. Nunca falso-positivo.

Ficamos um tempo sem saber o que fazer, nem falar. O Felipe ficou andando de um lado para o outro. Teve falta de ar, precisou se deitar. Colocava a mão na cabeça, na parede. Passou umas duas horas nesse estado. Até que, como se tivesse apertado um botão de liga/desliga/troca de canal, se empolgou com a novidade. Olhou para mim e disse: "Mary, a gente vai ter outro filho." Olhou de novo e disse: "Gravidinha..."

Desistimos do nosso programa "Balada romântica apaixonante" de comemoração pelos 15 anos. O Felipe foi ao supermercado da esquina e comprou ingredientes para um macarrão e alguns aperitivos. Ele tomou cerveja e eu arrisquei meia taça de um Concha y Toro tinto seco já aberto. Combinamos de não contar nada a ninguém até fazer o exame de sangue. Uma notícia daquelas não poderia ser dada sem total, absoluta, concreta e irreversível certeza.

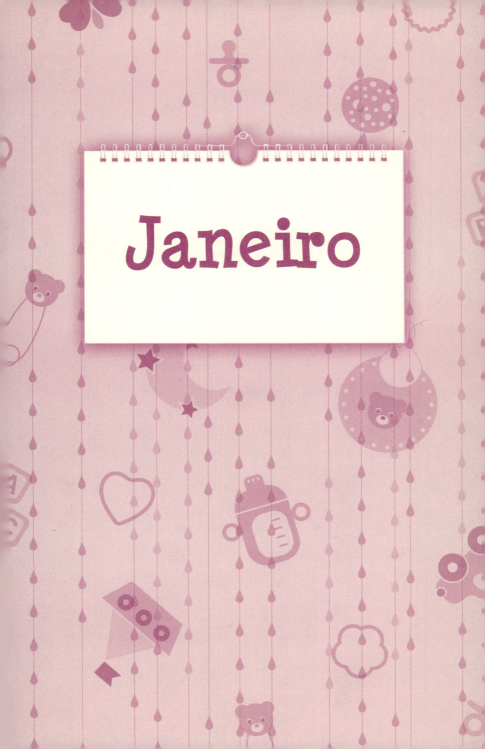

Decidi escrever um blog sobre esta minha segunda gravidez. Então, aqui estou. Por que escrever um blog? Qual o tamanho do meu narcisismo a ponto de querer transformar a minha gestação em tema público? Ou de achar que, por alguma razão, alguém, em plena consciência, vai perder minutos do seu precioso tempo para saber se estou enjoando ou não, se o exame de translucência nucal deu entre 1 e 3 ou se estou desesperada para fazer xixi por causa do peso da barriga? Acho que ninguém, ou só amigas fiéis e alguns parentes. Parentes não. Não consigo imaginar minha mãe, minha sogra, minhas tias, meus primos ou meu pai correndo para o computador para checar as últimas novidades do meu ciberdiário de gestante. Eles convivem comigo e não precisam apelar para o universo virtual.

Se ninguém vai ler, por que, então? Seria melhor escrever um diário da forma tradicional, se a questão fosse registrar esta experiência que estou vivendo, pela segunda vez, em um momento completamente diferente da minha vida. Mas a questão não é só essa. Quero, sim, registrar o dia a dia da gravidez. Não simplesmente porque gosto de escrever, mas porque acredito que vai me ajudar a me manter sã, já que nem de perto terei uma gestação tranquila como acredito que deveria, com o festival para a mesma época do parto. Portanto, se não é apenas por isso, vamos à única explicação plausível, sincera e sem pretensões humildes para a decisão "Escrever um blog". Sou jornalista. O que mais faço na vida é escrever e me assusta o fato de escrever para ninguém. Vício do ofício. Tem gente que escreve para si – pelo menos prega isso. Eu escrevo para mim – e também com a esperança de que alguém, algum dia, possa ler o que escrevi, e que meu texto sirva para algo, nem que seja para distrair ou passar a história adiante. Portanto, vamos ao:

Post 1:

Qual a idade certa para se ter um filho? Não faço a menor ideia. Quando fiquei grávida do Daniel, aos 18 anos, achava muito cedo. Pensava, sei lá por que, que o melhor seria entre 28 e 32. O bom mesmo, mas bom mesmo, seria aos 30. Hoje, tenho 31 e ainda acho cedo. Talvez uns 35, mas aí precisa ser rápido, porque o relógio biológico começa a andar depressa para esses assuntos de maternidade. Para a minha vó Norma, mãe da minha mãe, a idade ideal deve ser uns 15 anos, no máximo 20, porque os meus 31 parecem ultrapassados, na visão dela. Foi o que descobri domingo passado. Depois do almoço, eu, vó Norma e minha mãe, Cíntia, deitamos na sala para um cochilinho sob o sol. Eu não tinha feito o exame de sangue, então não havia falado da gravidez. Do nada, minha vó soltou esta:

– Você não vai ter mais filho, Maria.

– Por que, vó?
– Passou da época.
– Época de quê?
– De ter filho.
– Por quê?
– Se tivesse que ter, teria tido antes, agora passou.
– Vó, você está dizendo que estou velha?
Ela disse que não. Mas foi isso mesmo o que ela pensou...

❃ ❃ ❃

De como fiquei sabendo do resultado definitivo:
Depois do teste da farmácia, fomos para Três Pontas, na sexta-feira, para o casamento de um sobrinho da tia Licinia, mulher do meu pai, em Paraguaçu, que também é no sul de Minas. O noivo, João, foi meu companheiro de férias em boa parte da infância, quando eu ia visitar meu pai em Belo Horizonte. Brincamos muito e, depois, perdemos a convivência. Essas coisas que acontecem no decorrer dos anos e se transformam em nostalgia. Portanto, eu queria muito ir, levar o Daniel para ver a família da tia Licinia que, ultimamente, eu quase nunca encontro. Além disso, aproveitaria a viagem para fazer o exame de sangue, porque tudo, TUDO em São Paulo é mais complicado ou leva mais tempo.

Eu e o Felipe viríamos para São Paulo cedo na segunda. O Daniel ficaria lá, como em todas as férias. Antes de pegarmos a estrada, fui ao laboratório que fica no porão do sobrado verde de dois andares, em frente à casa da minha avó. Não sabia o que dizer. Não podia simplesmente falar: "Por favor, quero fazer um teste de gravidez." Então, disse: "Oi, tudo bem? Olha, quero pintar o cabelo, que está ficando branco, mas acho que, talvez, pode ser que eu esteja grávida, então, queria fazer um teste." "Você tem o pedido?", perguntou a mocinha. Não tinha. "Posso fazer sem pedido? Estou com pressa, preciso voltar para São Paulo." "Pode, tudo bem, em duas horas sai o resultado." Voltei dali a duas horas exatas. O Felipe ficou no carro. Entrei sozinha no laboratório e nem precisei abrir o envelope, porque a mocinha me recebeu com um sorriso e o comentário: "Aqui está seu resultado. Você não vai poder pintar o cabelo."

As malas estavam no carro, para vir direto para São Paulo. Mas o Felipe quis contar para as nossas famílias. Eu resisti. Ainda estava meio atordoada, com medo de contar, com medo da reação dos outros. Fazer o quê, ele tinha razão. Não havia motivo para ficar escondendo a gravidez. "Nem por mais um tempinho?", perguntei. "Quanto tempo?" "Sei lá, até a barriga começar a crescer?" Ele nem respondeu. Antes de ir às casas das nossas respectivas mães, passamos na casa de um amigo do Daniel, onde ele estava jogando futebol de botão. Chamamos o nosso filho e pedimos para entrar no carro, porque queríamos contar uma novidade.

– Daniel, temos uma boa novidade.

Ele logo foi tentando adivinhar:

– Vamos mudar para Três Pontas!?

– Não, é outra coisa, você vai ficar feliz, mas é outra coisa.

– O quê?

– Você vai ganhar um irmãozinho – disse o Felipe.

Ele olhou para mim, assustado:

– Você não tá grávida, né, mãe? É mentira, não é?

– Não, meu querido, não é mentira.

Seus olhinhos azuis se encheram de água, e o meu coração de mãe se partiu ao ver a insegurança do meu querido menino, meu príncipe, meu amor. Passei para o banco de trás e o abracei.

– A gente nunca vai deixar de amar você – eu disse.

* * *

Reação das pessoas (algumas) ao saberem da gravidez:
Minha mãe: chorou.
Minha sogra: ficou emocionada (= quase choro).
Diego (marido da minha mãe): chorou.
Meu pai, pelo telefone: "Com o Daniel, que era uma situação mais complicada, deu tudo certo. Então, vai dar também."
Minha madrinha: gritos histéricos (misto de alegria e preocupação).

E, em todas as reações, sem exceção, os parabéns ou esbravejamentos vieram acompanhados da pergunta: "É para setembro? E o festival?"

Comecei a pensar em como será daqui até lá e cheguei à conclusão de que o melhor é fazer como quando eu tinha 18 anos: não pensar. Naquela época, por natureza da idade, hoje, por opção. Vou indo. Cuidando da gravidez, do meu filho pré-adolescente, da casa, do marido, do meu trabalho de jornalista – que é meu ganha-pão –, do romance que estou escrevendo, do festival e do blog. No fim, tudo dá certo, diz o poeta. Eu acredito em poesia.

* * *

Ainda estou tentando me acostumar com o meu novo estado gravídico. Não sei das outras mulheres, mas eu, sinceramente, não consigo me SENTIR grávida só porque ESTOU grávida. Parece que falta alguma coisa. Um sintoma sem ser a ausência da menstruação que, aliás, estou amando. Falta, quem sabe, uma cena dramática de enjoo num banheiro de casa alheia – saio correndo da sala, onde todos estão em festa, e vou vomitar trancada, para que ninguém perceba, igual em filme. Como ainda não tenho outro sintoma, o que mais tem me ajudado a incorporar o espírito de uma grávida é a abstinência etílica. Adeus vinhos e caipirinhas. Foi a primeira coisa que pensei quando meu tio Márcio, "ex-dentista que abandonou o consultório para abrir um restaurante em Três Pontas (e está muito feliz, sim senhor)", chegou aqui em casa. Visita do tio Márcio a São Paulo = saída para jantar e tomar um bom vinho. Ele vem fazer compras, mas raramente aparece no nosso apartamento. Hoje, por um milagre do universo – e de uma ocupação inexplicável dos hotéis paulistanos –, ele veio dormir aqui. É uma pessoa divertida e sistemática. MUITO sistemática. Tem um milhão de manias, entre elas, consertar tudo. Ficou algumas poucas horas nos 80 metros quadrados de casa e percorreu cômodo por cômodo procurando coisas que precisam ser arrumadas. Só não trocou o armarinho do banheiro social de lugar porque não temos furadeira. Inconformado, deixou todas as medidas e explicações lógicas e práticas de como fazer a mudança. Depois do surto "tem muita coisa para arrumar aqui", saímos para jantar. Meu tio é uma figura. Ele disse que um dos seus passatempos atuais é desenvolver teorias, muitas delas baseadas na sua experiência e observação de dono de restaurante há 15 anos:

— Sabe para que uma mulher se enfeita?

— Para quê?

— Para irritar as outras mulheres.

— Como assim?

— Só pode ser isso. Porque para chamar a atenção dos homens é que não é. Felipe, diga a verdade. Vamos supor que a gente estivesse aqui, só nós dois e aquela mulher da mesa da janela passasse pela nossa mesa. A gente ia falar: "Olha só que beleza do esmalte chiclete dela! Ah, e que lindo esse modelo da bolsa Louis Vuitton... E o brinco de zircônia com prata. E o corte de cabelo repicado em V...?"

O Felipe riu.

— É claro que não, homem não vê essas coisas. O que a gente ia falar, hein, Felipe?

O Felipe ficou mudo, os olhos arregalados para mim. Tipo: eu não ia falar nada...

— A gente ia falar assim: "Que decote... e a bunda, e que coxa"... Porque homem pensa nisso. Então, se homem olha essas coisas e a mulherada se apronta tanto, há duas opções: 1) a mulher é meio boba e não sabe diferenciar a cara de um homem quando vê uma bunda boa e um brinco de argola; 2) a mulher se arruma pensando no que as outras mulheres vão achar.

Enquanto tomava meu suco de laranja (tentando abstrair a vontade de tomar o vinho) tive que concordar, inclusive meio aliviada, porque eu me enfeito pouco. Mas não sejamos injustos. Também não é assim. Eu incluiria o item 3) a mulher se enfeita para si própria (sem tirar de vista a concorrência).

* * *

Agora, que vou ser mãe pela segunda vez, preciso me atualizar em relação ao universo infantil. O Daniel está entrando na pré-adolescência e meu repertório de mãe inclui filmes de mágicos e feiticeiros, álbuns de figurinhas, paintball e um monte de nãos todos os dias. "Não, Daniel, não pode ir ao shopping sozinho de ônibus com os amigos. Não pode comprar três blusas iguais. Não pode pintar a parede do quarto com a bandeira do Cruzeiro. Não pode ficar sem escovar os dentes." Quando ele tinha um ano e meio e fomos morar com meus avós paternos, Rodrigo e Maria Lúcia, em Belo Horizonte – onde fui estudar comunicação social depois de um ano de direito –, eu sabia tudo sobre jogos pedagógicos, papinhas com cenoura, músicas de ninar e Teletubbies. Não sei se os Teletubbies ainda estão em atividade. Vi outro dia na televisão a propaganda de um *Xuxa só para baixinhos 10*. Eu nem sabia que tinha o dois, o três, o sete, o nove... Eu não gosto da Xuxa. Por uma causa nobre: eu era fã do Balão Mágico quando o programa terminou. Quem entrou no lugar? A Xuxa. Minhas amigas acabaram se bandeando para o lado dela. Eu nunca consegui. Simplesmente não engoli. Portanto, me recuso a colocar *Xuxa só para baixinhos 10* para o meu futuro bebê (e nenhuma das nove edições anteriores). Vou ver se resgato alguma fita dos Teletubbies para quando meu filhote nascer. (Eu tinha certeza de que, um dia, o videocassete que pedi de presente de casamento para meu padrinho João serviria para alguma coisa... Obs.: ele ficou tão inconformado com o pedido que me deu um aparelho de DVD junto).

* * *

O Felipe está vivenciando a gravidez de maneira diferente. Ele não fica como eu, fuçando no computador para acompanhar o desenvolvimento do bebê semana a semana. Estou impressionada em ver como existem sites que retratam a gravidez passo a passo. Desde sites de clínicas médicas até revistas, portais, fóruns. Como tem mulher grávida neste mundo – ou querendo engravidar! O Felipe não se interessa muito por essas coisas. Por enquanto, ele está cuidando de mim. Preocupado, todo bonitinho. E eu estou amando isso. Queria ficar grávida para sempre.

* * *

Moramos no mesmo apartamento desde a mudança para São Paulo, em janeiro de 2006. Depois de um mês e meio procurando apartamentos para alugar em imobiliárias, comecei a andar pelas ruas, atrás das placas de "Aluga-se". Queria um apartamento de três quartos (para montar o escritório no terceiro), com quarto de empregada (para fazer despensa), em um prédio com crianças, numa distância de até três quarteirões da escola onde matricularíamos o Daniel, e que pudéssemos pagar. Pudéssemos em partes, porque nenhum valor de aluguel estava dentro do nosso orçamento, já que éramos dois desempregados querendo viver na capital paulista. Não sei como tivemos coragem. Acho que não pensamos muito. Além disso, não tínhamos noção real dos custos e de toda a responsabilidade que envolvia a mudança. De uns tempos para cá tenho pensado sobre isso. Muitas das minhas decisões, e que acabaram resultando em alguma coisa, foram tomadas porque eu não tinha a menor ideia da dimensão da empreitada.

Foi assim quando resolvi aproveitar meu TCC (trabalho de conclusão de curso) para escrever uma biografia do Milton Nascimento. Não um simples projeto de faculdade, não. Eu queria, nos quatro meses do último semestre, fazer uma biografia inteira, completa e perfeita sobre o Milton, que, assim como eu, se mudou para Três Pontas aos 2 anos e lá cresceu. Fiz uma lista de duzentas pessoas para entrevistar, um cronograma de trabalho diário e achei que estava tudo certo. O Milton – que para nós, conterrâneos três-pontanos, é o Bituca – concordou em me dar as entrevistas. Mas eu demorei quatro anos, em vez de quatro meses. Para me formar, entreguei o primeiro capítulo e depois continuei, por minha conta e risco, fazendo frilas de jornalismo para bancar as minhas viagens de pesquisa. Depois, veio o festival. Eu e o Felipe queríamos fazer um evento cultural em Três Pontas, aproveitando o fato de o Bituca e o Wagner Tiso, outro músico conterrâneo, serem de lá. Em vez de fazer uma simples "Semana da Cultura", bolamos um megaevento, com quatro dias de duração, shows internacionais e uma estrutura gigantesca. Outra vez: só demos o primeiro, o segundo e os passos adiante porque não tínhamos qualquer ideia concreta do que era fazer um evento desses, em uma cidade tão pequena, que não tem a infraestrutura adequada. O festival aconteceu (não sei como) e este ano vamos fazer a segunda edição, com o sonho de se tornar um evento anual.

A mudança para São Paulo seguiu a mesma linha de raciocínio: nenhum. Vamos mudar e pronto, fizemos as malas e mudamos para este apartamento, que encontrei quando estava desistindo de procurar. Entrei, adorei, fechei o negócio. Gosto daqui porque temos o horizonte livre. Do lado esquerdo, onde está a maioria dos cômodos (sala, escritório e quarto do Daniel), tem um prédio de quatro andares. O restante do quarteirão é de casas, sobrados e uma vila simpática. Do lado direito, onde ficam o nosso quarto, a cozinha e a área de serviço, há três prédios pequenos e só depois um prédio alto. Como moramos no décimo quarto andar, ficamos livres, sem aquela sensação de prisão de quando os prédios são muito próximos uns dos outros e de você poder perguntar da sala do seu apartamento as horas para o vizinho do prédio ao lado enquanto ele corta uma cebola na cozinha e aproveita para pedir a receita do salmão com creme de gorgonzola. Não é o nosso caso. Daqui temos até pôr do sol, passarinhos, uma vida tranquila. Um bom lugar para morar, um bom apartamento, que precisaria ter um quarto a mais, agora que a família vai aumentar.

***

Fiz minha primeira consulta de pré-natal! Demorei quatro horas e meia para chegar ao consultório. Não foi o trânsito absurdo de São Paulo. É que a minha ginecologista fica em Três Pontas. Como eu nunca adoeço, ela é a única médica que frequento para os exames anuais de rotina. Sem contar meu pai, clínico e médico do trabalho, e minha madrinha Suzana, ginecologista e obstetra, que me atendem por telefone. Pretendo ter o bebê em Três Pontas (sou espécie rara de pessoa que sai da capital para parir no interior). Em todo caso, preciso urgente de um doutor ou doutora em São Paulo, afinal, é onde moro. Se bem que posso dizer que minha morada é sazonal. Passo uns sete meses do ano em São Paulo e os outros cinco em Três Pontas, contando finais de semana, feriados e férias.

A consulta foi tranquila. Por enquanto, foram só algumas orientações sobre sintomas, medicamentos permitidos ou não, e um pedido de ultrassom, para eu fazer até o final do primeiro trimestre. Estou feliz com a oportunidade de Márcia Andréa fazer o parto. Fiz o pré-natal da gravidez do Daniel com ela. Na época, morava em Três Pontas. Até que, um dia, na 35ª semana, ela me pediu um doppler, porque achou o bebê meio pequeno. A máquina de doppler da cidade estava quebrada, e a de Varginha, a cidade vizinha, também. Fomos eu, minha mãe e o Felipe para Belo Horizonte. Fiz o exame sábado pela manhã. Realmente ele não era um bebezão, mas estava tudo bem. Era só acompanhar de perto. À noite, por volta das 23h30, minha bolsa rompeu. O Daniel nasceu belo-horizontino, como eu.

Como não conhecia nenhum médico do meu plano em Belo Horizonte, preferi ganhar o bebê no hospital onde minha madrinha trabalhava, pelo SUS, e ficar na enfermaria com mais sete mulheres, com histórias tão complicadas e tantos filhos que me senti uma completa novata e estranha naquele universo materno. Não tive direito a acompanhantes e eu mesma cuidei do Daniel desde o primeiro instante. Dei o primeiro banho, troquei-o, coloquei-o no peito para mamar, fiz passar o choro. Não foi nada conforme o planejado. Eu me tornei mãe na marra, o que talvez tivesse demorado um pouco mais, com a ajuda da minha família nos primeiros dias. Na manhã seguinte ao parto, minha mãe avisou à Márcia Andréa por telefone.

Depois de um carnaval em Três Pontas sem grandes acontecimentos, voltamos para São Paulo. Tinha reunião quinta-feira bem cedo. Uma gerente de marketing da empresa de vendas para a qual faço um jornal para vendedores de porta em porta e telemarketing queria agendar a reunião para a tarde de Quarta-Feira de Cinzas. Contrariando o meu currículo de "sim, claro" para todas as perguntas e solicitações, disse que não podia. Sou freelancer e, apesar desse ser um frila fixo (o que significa que faço o trabalho todo mês, há dois anos e meio, mas não tenho carteira assinada ou benefícios, por outro lado, não preciso ficar no escritório todos os dias), tenho direito de viajar no carnaval. Ou não tenho? Além do mais, essa reunião não era nada urgente. Ainda não contei a eles sobre a minha gravidez. O Felipe disse que isso é ridículo, que eu preciso contar, principalmente porque vivo cobrindo eventos que me obrigam a ficar horas e mais horas de pé. Vou contar. É que, antes, quero deixar tudo organizado. Não posso correr o risco de perder esse trabalho, que me caiu do céu.

Não é o que amo fazer. Não são textos sobre cultura, personagens interessantes nem jornalismo literário. Basicamente são técnicas de venda e histórias de vendedores de sucesso, que eu preciso contar e recontar todo mês. O desafio está em tentar sobreviver a cada edição, escrever de maneira diferente a mesma coisa. Pelo menos eu vejo assim. Poucos dos jornalistas que escrevem para algumas das revistas que eu escrevo aceitariam pegar esse trabalho. Consideram um "trabalho inferior". Eu aceitei na hora. Não vejo problema nenhum em fazer um especial para uma revista semanal e, ao mesmo tempo, contar a jornada do operador de telemarketing que está naquele emprego só enquanto não encontra um "trampo", como eles dizem, melhor. Além disso, esse "trabalho inferior" paga mais que as redações convencionais e me ocupa pouco, o que me permite ter tempo de sobra para fazer outras coisas, inclusive escrever para as revistas de que eu gosto. Preciso garantir esse frila. Vou chamar uma amiga, jornalista, que se formou há pouco mas já tem certa experiência, para me substituir quando eu ganhar o bebê, até eu poder retomar as atividades. Assim, acho que resolve. Vou telefonar para ela hoje. Se topar, conto da minha gravidez na empresa e anuncio a estratégia para não deixar ninguém na mão e manter o meu posto.

* * *

A Paula, irmã do Felipe, veio passar uma temporada com a gente. (Temporada = alguns meses.) Ela se formou em agronomia no final do ano e queria procurar emprego em São Paulo. Ela não é louca. Sabe perfeitamente que não vai encontrar uma lavoura de milho nem de café escondidas no final da rua da Consolação, nem uma plantação de arroz em uma várzea secreta da Marginal Pinheiros. Quer trabalhar com meio ambiente. Também sabe que não vai achar vaga em uma reserva ecológica na praça da esquina. O que ela quer mesmo, embora não tenha certeza, é lidar com projetos de sustentabilidade ou educação ambiental. Enquanto não arruma um emprego e não tem como se manter, vai morar aqui. Rearranjei o armário do Daniel e deixamos uma porta livre para ela. O Daniel é um amor nesse ponto, não se importa em dividir o quarto. A Paula disse que prefere dormir no escritório. Bom, onde der para colocar o colchão ela pode se ajeitar. Pode ficar aqui até quando quiser, ou até setembro, quando o bebê nascer. Aí vai ficar complicado, porque o espaço é pequeno. Até lá, vou adorar tê-la como companhia. É bom ter alguém para conversar além dos dois homens da minha vida.

* * *

Falei com a minha amiga jornalista, e ela aceitou me substituir no jornal. Acabei de mandar um e-mail para as minhas chefas, contando da gravidez e já apresentando a solução para a minha futura ausência. Espero não ter problema.

* * *

Tirei o dia para comprar sutiã. Meu peito cresceu absurdamente. Saí obstinada – e de dedos cruzados – a conseguir comprar na primeira loja que visse pela frente ("primeira loja que visse pela frente" é a loja de lingerie do quarteirão de baixo). Não tenho a menor paciência para fazer compras, o que acaba, por um lado, custando caro, porque não tenho paciência para pesquisar bons preços. Por outro, sai em conta, porque compro muito pouco e não perco tempo com andanças. Como diz o ditado: tempo é dinheiro. O meu (tempo), nessa faceta, tem um saldo positivíssimo. Tive sorte, em alguns minutos encontrei o que me agradou e comprei, sem gastar perna e sem dor na consciência. Escolhi duas peças e, como as calcinhas estavam na promoção, incluí três na cesta. Ao contrário dos sutiãs, eram pequenas, delicadas, charmosas. Achei que fariam bem ao meu casamento, uma vez que eu sou adepta das calçolas de bisavó – muito mais confortáveis, convenhamos.

Voltei para casa feliz com a minha compra. Acontece que, agora, existe outra habitante feminina na casa, a Paula, que é pequena e delicada, como as minhas calcinhas novas. Ao contrário de mim, que sou grande – devo ter 15 centímetros a mais, fora que não tenho nada mignonzinho, embora até quisesse ter. Por isso (só pode ser por isso), a minha empregada insiste em colocar as novas calcinhas para ela. Cansei de explicar que aquelas, apesar de pequenas, são minhas. Minha empregada não se conforma e continua separando errado. Deve pensar: isso não cabe na Maria. ATENÇÃO: cabe, sim! Só espero que não pense o mesmo da minha futura nova calça jeans! Porque PRECISO comprar uma calça jeans dessas de grávida, com elástico na cintura.

✲ ✲ ✲

O Daniel descobriu esta semana Raul Seixas, Secos e Molhados, Legião Urbana e Bob Marley, para alegria e tranquilidade do Felipe. O Daniel está com 12 anos e não dava indícios de ligar muito para música. O celular com MP3 que ganhou de Natal tinha apenas "Nos bailes da vida" e "Para Lennon e McCartney", do repertório do Bituca (lembrando que Bituca é o Milton Nascimento), e "Sweet Home Chicago", do Eric Clapton. As três únicas músicas que ele realmente colocava para ouvir. De uma hora para outra, descobriu que cabem milhares de canções no celular. Eu tenho escutado algumas músicas com ele e me emociono sempre com "Faroeste caboclo", do Legião. Desde a primeira vez que ouvi, na adolescência, sinto o coração apertado quando ouço a música. Tenho pena de João de Santo Cristo. Pena de tudo o que aconteceu com ele. Das escolhas que fez e das que não pôde fazer. Sinto o peito apertar como se fosse a história de alguém muito próximo. E choro quando ele leva o tiro no final e começa a se lembrar de quando era uma criança e de tudo o que vivera até ali... O Daniel não entendeu o meu choro. Eu disse que é coisa de grávida.

*　*　*

Hoje à tarde fui ao posto da Receita Federal. Há um mês e meio, quando fechamos um patrocínio para o festival, vimos que a nossa certidão negativa havia vencido. Ao tentar tirar outra, constatamos o problema: um parcelamento em aberto que eu, sinceramente, desconhecia. Tentamos resolver pela internet. Não deu. O Felipe foi à Receita. Mandaram ir à Procuradoria e, de lá, de volta para a Receita. A origem do problema foi que eu, ao parcelar débitos ano passado, fiz o processo duas vezes e o site da Fazenda aceitou os dois parcelamentos – da mesma coisa. O que precisávamos para ter a bendita certidão era de que alguém retirasse o débito indevido do sistema. Como eu ia ao jornal à tarde e o posto fica lá perto, eu fui, com a recomendação do meu sócio-marido:

– Se você for atendida pela mesa 13, vai com cuidado, o cara me atendeu com muita má vontade, mau humor e não resolveu nada.

Cheguei às 16 horas e sentei para esperar. Dali a pouco apareceu a minha senha no painel. PJE80, Mesa 13. "É a Lei de Murphy", pensei. Sentei à mesa vazia e fiquei esperando o atendente chegar, torcendo para o aviso do Felipe ter sido exagerado. Não era. O sujeito não estava nada de bom humor, sem nenhum ânimo ou qualquer sinal de uma mínima boa vontade. Comecei a explicar a minha situação. Ele não me deu bola. Disse, curto e seco:

– A senha e o documento.

Mais uma vez, antes que eu acabasse a explicação, me cortou e falou algo que eu não entendi. Porque, além de tudo, falava para dentro.

– O quê? – perguntei.

– A dafkrfikf... – foi o máximo que ouvi.

– O quê?

– O Darf – ele falou, sem paciência.

Olhou os papéis, coçou a cabeça e disse que não podia fazer nada. Que eu teria de pagar os impostos errados para tirar a certidão e, depois, só depois, pedir reembolso.

– Não é possível que não tenha outro jeito de resolver... Você poderia perguntar para a supervisora, por favor?

Eu sabia que a chefe era uma mulher. Ele não gostou da minha entonação, meio nervosa. Ainda assim, levantou, com a mesma lenta má vontade, e foi até lá. Nesse meio-tempo, decidi mudar de estratégia. Se a chefe estivesse num bom dia, poderia resolver alguma coisa. Se não estivesse, eu não conseguiria nada. Quando ele voltou, eu disse:

– Moço, tenho certeza de que você veio me dar uma linda notícia, né? Sabe por que, moço? Eu estou grávida e não posso ter muito desgosto... Eu sei que você vai me ajudar a resolver este abacaxi, ai, que bom, obrigada.

Dali para a frente foram 45 minutos de muita conversa, muita simpatia e gentileza da minha parte. Aos poucos, ele resolveu deixar a cara ruim de lado, baixar a guarda e tentar me ajudar. Ao final do atendimento, eu sabia que ele era casado, pai de três filhos pequenos – o maior com 6 anos – trabalhava havia nove na Receita. Pela primeira vez atendendo o público. (Estava explicado o mau humor: ele não estava acostumado a lidar com as pessoas, que nunca vão à Receita para agradecer ou elogiar.) Apesar de ter descoberto outro débito do qual eu não fazia ideia, saí de lá com o problema resolvido e uma conclusão:

SER GENTIL É SEMPRE A PRIMEIRA E MELHOR OPÇÃO. Mau humor com mau humor não pode dar boa coisa. Uma parte disposta a gritar e outra disposta a não ouvir, também não. Não é toda vez que a gentileza funciona. Nos casos de não funcionamento, o mais eficiente é bancar o chato, anotar o nome, pedir para falar com o supervisor, protocolar a reclamação e, no pior dos casos, acionar o juizado especial. Ah, estar grávida ajuda.

* * *

Passei por outra situação de GRAVIDEZ X GENTILEZA que vale a pena contar...

Fui à locadora alugar um filme. Peguei uma comédia romântica na prateleira, com a Sandra Bullock, e perguntei para o balconista novato:

– Esse filme é bom? (Classe de pergunta que não faz a menor diferença.)

– É, eu gostei.

Um pouco insegura com a resposta, insisti:

– Além de você, quem mais gostou?

– Ninguém, só eu.

– Só você?

– É, só eu.

Surpresa pela sinceridade do menino, continuei:

– Não estou duvidando da sua opinião, mas, se só você gostou, existe alguma possibilidade de o filme não ser bom?

– Não, pode confiar, eu gostei.

Eu, ainda não convencida (também, pudera), disse:

– Olha, eu estou grávida e não posso correr o risco de não gostar, porque talvez, quem sabe, pode ser que meu gosto seja como o da maioria. Se eu não gostar, meu filho vai nascer com cara de filme ruim. E eu não quero isso... Você queria ter cara de filme ruim?

(Silêncio do menino).

– Vamos fazer o seguinte, como só tenho UM dinheiro hoje e não posso levar DOIS filmes, então, vou escolher outro, mas prometo que da próxima vez eu levo esse.

Dali a pouco voltei com *Coco, antes de Chanel*. Não tem nada de comédia, mas tem um pouco de romance. Quando passei pelo caixa para pagar a locação ele veio falar comigo, todo animado:

— Pode levar a comédia também, é brinde. Depois me conta se gostou.

Fui embora feliz (sempre é bom ganhar um brinde) e assisti à comédia junto com o Daniel. Faz uma semana e até agora não entendi a graça. A maioria estava, definitivamente, com a razão. Fiquei sem jeito de ir à locadora e encarar o menino. Tão animadinho que ele estava... Telefonei e pedi para retirarem em casa. A sorte é que foi brinde, e acho que brindes e presentes não contam na hora do bebê nascer com cara de alguma coisa.

P.S.: No jornal, parece que deu tudo certo. Gostaram da minha amiga como opção para me substituir. Agora, é só passar a rotina para ela. Quando chegar setembro, ela estará treinadíssima e poderei parir tranquila.

❋ ❋ ❋

Descobri, surpresa, a imagem que o Daniel tem de mim. Nem de perto passa por aquela que eu pensava que ele pudesse ter da minha singela pessoa de mãe. Vamos ao fato: eu tinha uma reunião de trabalho em uma cafeteria do Itaim. Só que aconteceu um imprevisto (os imprevistos me perseguem). Caiu uma tempestade em São Paulo. Fiquei presa no trânsito, no táxi, e estava sem celular. Tentei me manter calma. Mas o trânsito estava parado, as ruas, alagadas e o meu estado de nervos atingiu nível ultra. Precisava dar um jeito. Pedi o celular do taxista emprestado para fazer uma chamada a cobrar. Telefonei para casa, passei o número da pessoa que me esperava para o Daniel e pedi a ele para telefonar, explicando a situação e dizendo que, em cerca de meia hora, eu devia chegar ao local do encontro. Quando cheguei à cafeteria, a senhora simpática e tranquila (graças a Deus) veio direto falar comigo:

— Maria? — perguntou.

— Sim, sou eu.

Pensei que ela havia me reconhecido pelo meu ar desesperado, desses de quem está com pressa, atrasado para um encontro. Mas ela segurou os meus ombros e pediu para me olhar um pouco melhor. Achei estranho, mas o que eu podia fazer? Fiquei parada, enquanto ela me observava.

— Seu filho é uma graça e tinha razão.

— Hã???

— Eu perguntei como era a mãe dele e ele respondeu: "Ela tem o olho azul e o pescoço comprido."

＊＊

Estou entrando no terceiro mês da gravidez e, pelo menos até aqui, não tive enjoos. Estou é enjoada para comer. Nada me apetece muito e fico com um gosto metálico constante na boca. Os únicos paliativos que conseguem enganar esse sabor de metal são caldo Knorr e cebola. Para não ficar 24 horas por dia com bafo de cebola e espantar os clientes e familiares queridos, tenho optado pelo caldo de galinha. Coloquei um tabletinho dentro da bolsa e, várias vezes por dia, coloco um pedacinho na boca. Estou um tempero ambulante, credo.

Março

Fiz meu primeiro ultrassom hoje de manhã. Meu bebê está com 11 semanas e um dia. Apesar de todos os sinais apontarem na mesma direção, "você está grávida", eu tinha sérias dúvidas a respeito. Só acreditei mesmo quando vi a imagem em branco e preto no monitor. Fiquei impressionada. No primeiro ultrassom que fiz do Daniel, há 13 anos, ele era só uma manchinha. Foi tomar ares de ser humano quase com seis meses. Este bebê já está completo, inclusive com dedos nos pés e nas mãos. Bom, o Daniel também estava, né, mas não dava para ver.

Escutei o coraçãozinho. Bate rápido. Também, ele não para de se mexer. Em certo momento, posso jurar que deu tchau pra mim. Tão lindo... Na realidade, ainda parece um etêzinho. Cabeça grande, barriga grande, mas já é uma pessoinha e não vejo a hora de senti-lo aqui dentro, porque, por enquanto, parece que só no próximo ultrassom vou poder encontrá-lo.

Saí da clínica feliz e tranquila: estava tudo bem, inclusive o tal de exame de translucência nucal, que mede a probabilidade da criança ter síndrome de Down ou outras complicações. Sei que não tinha motivo para pensar o contrário, mas eu estava ansiosa em relação ao exame. Não só para ter realmente certeza da gravidez, mas porque estava com um milhão de minhocas na cabeça, pensando bobagens. Pensei na gravidez do Daniel e não me lembro de ter ficado com esse sentimento do tipo "Será que está tudo bem?". Comecei a pensar em como eu era naquela época, em como sou hoje e cheguei à importantíssima lista das "Diferenças entre ficar grávida aos 18 e aos 31 anos":

18 – Preocupações sobre o bem-estar e a evolução do bebê, o tamanho da barriga, entre outros tantos questionamentos, não fazem parte do repertório da gestação. Passam a um raio de 18 anos-luz de distância. Você tem plena convicção de que tudo dará certo. Por que não daria?

31 – "Estou de quatro meses e nada de barriga" é problema suficiente para tirar noites de sono, atormentar o médico, marcar trocentos ultrassons, pesquisar imagens de grávidas na internet e sofrer terrivelmente por encontrar apenas uma foto, entre centenas, de uma barriga de quatro meses como a sua: semi-inexistente.

18 – Você procura levar a sério as orientações como: alimentar-se bem, dormir o necessário, não exagerar nas atividades físicas e ter uma rotina mais tranquila. Mas jamais deixa de comer a coxinha com refrigerante com as amigas nem a panela de brigadeiro enquanto assistem a *Barrados no baile* e por hipótese nenhuma perde o show dos Titãs na Feira da Paz da cidade vizinha, mesmo que isso implique viajar com a barriga de sete meses e meio em uma van apertada e ficar na rua até o dia amanhecer.

31 – Naturalmente você procura melhorar sua condição física e seus hábitos. Prefere alimentos que tenham cálcio, ferro e outros suplementos vitamínicos importantes para o desenvolvimento do bebê, tenta se exercitar, não se esquece de tomar o ácido fólico todos os dias, diminui o café, corta a bebida alcoólica e pensa duas vezes antes de trocar uma noite de sono pela balada.

18 – Gasta horas na perfumaria comprando cremes e óleos contra estrias, tipos diferentes para cada parte do corpo.

31 – Troca a perfumaria pelo supermercado ou pela farmácia. Como sempre tem muito o que comprar para a família e a casa, não raras vezes esquece do creme para o corpo. "Ai, tomara que eu não tenha estrias", torce, de consolo. Demora bastante na seção de cabelo, procurando henas ou colorantes sem química para cobrir os fios brancos.

18 – O pai do bebê, também com 18 anos, é, antes de tudo, seu NAMORADO. Ser pai é quase um detalhe e você faz quase tudo sem contar com a ajuda paterna. Noites em claro, trocas de fraldas, banhos. Acaba se contentando com algumas horinhas de ajuda dele, o que, na maioria das vezes, significa: da MÃE dele.

31 – Você está casada, tem um companheiro ou, ao menos, o pai é adulto e pode dividir a responsabilidade sobre o filho. O pai do bebê é tão pai quanto amante e, se conseguir, pode fazer com que ele seja mais pai que amante por alguns bons e preciosos momentos.

18 – Mora com os pais. Sua única preocupação formal é estudar. Conta com o apoio da mãe e um colo para os dias difíceis e para quando quiser sair, passear ou apenas ter uma noite de sono bem dormida. Por outro lado, ouve palpites a todo momento e não pode fazer as coisas como acha que deveriam ser.

31 – Vive na sua própria casa e precisa controlar as pilhas das contas pagas, não pagas, a vencer e a renegociar. Não tem outra opção de sobrevivência a não ser trabalhar. Tardes inteiras por conta de pintar a mobília do bebê ao seu gosto são um sonho nem sequer a se cogitar. Não tem o colo da mãe disponível 24 horas e precisa incluir os filhos nos programas de lazer, deixá-los na casa de algum parente ou contratar uma babá. Não precisa ouvir tantos palpites.

18 – Assumir a maternidade é uma opção. Você pode ser "meio-mãe, meio-irmã" do seu filho ou pode ser mãe por inteiro e levá-lo para a faculdade com você, deixá-lo na creche durante as suas aulas e cuidar, você mesma, do bebê.

31 – A maternidade é uma realidade, um desejo, mesmo quando vem em ocasiões não planejadas. As dúvidas sobre assumir seu filho não passam pela sua cabeça e, ainda que passem, são apenas um questionamento existencial.

18 – Se a chupeta cai no chão, você coloca na boca e depois dá pro bebê. Se ele tosse, você dá uma palmadinha leve nas costas e o agasalha. Se o nariz escorre, você limpa.

31 – Jamais coloca a chupeta na boca do bebê sem ferver até o tempo seguro para eliminar os germes possíveis e os imagináveis. Se o filho tosse, você corre enlouquecida para o pronto-socorro. Se o nariz escorre, marca o pediatra e exige que ele peça um raio X.

18 – Tem disposição para brincar com seu bebê como se fosse boneca e, depois, quando ele fica maior, de igual para igual. Crescem juntos e é provável que se tornem cúmplices e amigos. É mais difícil impor respeito, mas nada que amor, carinho e bom-senso não resolvam.

31 – Não aguenta brincar horas de pique-pega. Sabe que o bebê não é uma boneca. Não tem tanto pique, mas se anima em levar o filhote para programas culturais e atividades que contribuam para o desenvolvimento dele. Ele cresce e você envelhece. A distância de geração é cada vez mais acentuada, mas nada que amor, carinho e bom-senso não resolvam.

❋ ❋ ❋

Ontem foi o dia dos telefonemas. Minha mãe, minha sogra, meu pai, minha madrinha, meus avós, meus amigos, colegas e companheiros de folguedos (com os devidos exageros) telefonaram para saber sobre o ultrassom. Fora meu pai e minha madrinha, que fizeram questionamentos pontuais sobre medidas que só os médicos entendem e que dizem se o "feto" – como gostam de chamar – está bem ou não, os outros tinham a mesma pergunta: "Deu para ver o sexo?" "Não, não deu", eu respondia, para desânimo geral. Embora tentem disfarçar (alguns nem tentam), todos torcem por uma menina, menos o Daniel, que quer porque quer um irmão. Eu digo que prefiro um menino também, pelo motivo sincero:

– Adoro ser mãe de menino. Essa é a única forma de maternidade que eu conheço.

Mas é claro que gostaria de ter uma menininha. Não para enfeitá-la com laços cor-de-rosa, nem vestidos floridos. Aliás, coitado do bebê se for uma mocinha. É bem capaz de ter de crescer usando bermuda de moletom e camisa de malha de algodão. Não me imagino pendurando bibelôs no cabelo da pobre coitada da criança. Penso em uma menina por ser diferente de um menino e porque tenho um nome pronto para colocar na minha filha, se um dia ela vier: Teresa. Se não vier, tenho uma boa saída para não deixar de usar o nome. Batizei com ele uma das personagens do romance que estou escrevendo. (Tentando escrever, né, porque ultimamente não tenho andado para a frente, nem para lugar nenhum.) Portanto, se for um menino, que seja bem-vindo. E que ninguém fique frustrado com isso.

* * *

Pediram umas fotografias antigas na escola de esportes do Daniel, para mostrar no telão na abertura da olimpíada da turma de até 12 anos. Tirei a caixa de palha do canto esquerdo da prateleira de livros e revistas que fica sobre o computador, no escritório. Tirei com cuidado para não levantar poeira. A caixa estava embaixo de uma fita de videocassete com a etiqueta em branco, um porta-retratos sem retrato, revistas antigas e dois livros do Sesc, dos quais eu tinha me esquecido.

Fazia tanto tempo que não abria a caixa, que me assustei com o quanto havia dentro. Uma tarde de sol em cima da árvore. O Daniel pequeno, pintado de palhaço. A peruca *black power*. A banheira de espuma. A foto posada. A pose esculachada. A displicência, o choro, o susto, a gargalhada. O aro da bicicleta. O gato que já morreu. E um envelope branco pintado de bege cor de tempo. O CEP ainda com cinco dígitos. A esferográfica de azul permanente. A data do carimbo postal, que não mente: 25MAR85. O destinatário, meu avô, que, por um instante, voltou como se não tivesse partido. Embaixo, entre parênteses, o meu nome composto.

Era uma carta das muitas que meu pai me escrevia quando eu era pequena. Durante um tempo, elas foram constantes, nos papéis com bichinhos intermináveis e simpáticos. Até talvez terminar o bloco de papel de carta. Porque tudo termina um dia – ou se transforma. Eu ainda tenho algumas dessas cartas, não porque tenha guardado, pois era muito nova para saber o valor de uma lembrança. Alguém as guardou para mim. Mas, entre tantas, nenhuma como esta – porque estava fechada. Uma carta sobrevivente. Uma mensagem que não desistiu de cumprir sua simples missão de se fazer chegar. Atravessou 25 anos, casas diferentes, caixas esquecidas, arranjos e desarranjos, até poder ser recebida totalmente. Abri o envelope, com a ansiedade de quem acaba de receber um presente.

Eram poucas linhas, com a caligrafia caprichada de médico, com o objetivo claro de facilitar a leitura. Falava sobre o fim de semana que havia passado em Três Pontas, da brincadeira com minhas amiguinhas na piscina (quem seriam elas?), da minha aula de vôlei (onde?). Perguntava se o dedo da tia Bete havia melhorado, torcia para eu me livrar dos piolhos e dizia, por fim, ter esperança de me ver na Semana Santa, outra vez. Do seu pai, Rodrigo.

Dobrei a carta, coloquei no envelope. Dei uma bela risada, pensando nos piolhos, no método curativo da minha mãe de me colocar para dormir com touca de querosene. De repente, eu era a menina que um dia fui e que, acho, continuo sendo. Escolhi as fotos do Daniel e voltei a carta para a caixa

Mãe de dois   55

de fotografias. Por alguma razão estava lá. Pela mesma razão, acredito que deva ficar.

* * *

Agora que estou grávida, me disseram seria bom cuidar de um jardim. Treinar a arte de cultivar um ser vivo (embora eu JÁ faça isso, com os seres filho e marido). Como nosso apartamento não tem varanda nem jardim, resolvi dar mais atenção às minhas quatro únicas plantinhas: um cacto, que ganhei do Felipe e do Daniel num aniversário; uma violeta que eu comprei em uma floricultura perto da casa do Tom Zé, quando estive lá; uma verde tipo samambaia, cuja espécie e nome desconheço; e uma pata-de-elefante que ganhei de presente de casamento de uma amiga querida, a Luciara, em 2003. Pedi à Paula para praticar seus conhecimentos agronômicos e fazer uma avaliação da minha mata particular. As plantinhas, diagnosticou, estavam saudáveis, menos a pata-de-elefante, que apresentava deficiência de cálcio. Decidida a resolver o problema o quanto antes, não me intimidei. Reguei o vaso com um copo de leite. No fim do dia, contei a minha façanha à família, orgulhosa. Contrariando a minha expectativa, levei um xingo da cunhada-agrônoma e a gozação do Felipe e do Daniel. Mas o pior não foi a gafe. O pior foi que a patinha-de-elefante morreu... Prefiro acreditar que estava na hora dela. Melhor do que pensar que, na arte de cultivar, quem apresenta deficiência em alguma coisa sou eu.

* * *

Fiquei duas semanas sem escrever. Por uma boa causa. Quero dizer, por uma causa justificável, porque boa não é. Normalmente tenho dores de cabeça. Nada grave. Dói bastante – de vez em quando. Eu tomava uma Neosaldina, às vezes duas, e pronto. No dia 10 de março – dia em que perdi o casamento de uma amiga –, minha cabeça começou a doer. Tomei um Tylenol, porque a dipirona, um dos componentes da Neosaldina, não é indicada para grávidas. E nada. Tomei outro à noite. Nada. No domingo, depois de passar a noite em claro com a cabeça latejando, liguei para a minha madrinha e ela me mandou tomar uma Neosaldina, uma vez que a situação estava crítica. A dor passou. Fiquei tão feliz que fui à feira da Liberdade comer yakisoba e levar meus tios e um casal de amigos que estavam aqui em casa para passear (vieram assistir ao show do B.B. King). À tarde, a dor voltou. Não parou mais. Um dia um pouco melhor, três dias de martírio absoluto e o ciclo se repetia, até eu não aguentar e ir ao pronto-socorro, numa madrugada, onde me deram um remédio na veia que foi como um milagre. A dor passou, quase instantaneamente, e eu dormi bem por uma noite inteira. O alívio, no entanto, durou só dois dias.

Desde então, saí em busca de um médico em São Paulo. Com essa enxaqueca – como acreditou ser o meu amigo oftalmologista, que me atendeu num feriado –, eu não podia, definitivamente, ficar só com minha médica em Três Pontas. O meu plano de saúde, ótimo em Minas, não é muito bom aqui. Por isso, foi quase um desespero até eu conseguir ser aceita no Hospital das Clínicas, que tem várias vantagens: é perto da minha casa, é um dos melhores do país e me dá a feliz sensação de fazer uso dos impostos pagos, porque é tudo pelo SUS: de graça. De graça não é a palavra mais adequada, levando em conta tudo o que a gente paga de imposto. Então prefiro usar a expressão "sem custo extra". Enfim, preferi ficar à mercê das dificuldades do atendimento público (como demora, espera etc.) e ser acompanhada por uma equipe médica excelente a ficar insegura pelo meu convênio não muito conceituado em território paulistano.

O resultado é que a medicação e as recomendações do doutor (para cada duas horas de computador, uma de pausa) estão me ajudando. Esta semana tive três dias de enxaqueca, mas sinto que a dor está mais fraca. A angústia, além da dor, é de não conseguir trabalhar. Isso nunca me aconteceu: deixar de trabalhar por estar debilitada. Com a enxaqueca, não consigo ficar em frente ao computador. Se tento, piora e me dá vontade de vomitar. Entre altos e baixos, estou mais tranquila agora. Só o fato de ter saído do HC com o meu cartão de matrícula aliviou o peso e a própria enxaqueca, que vai melhorando aos poucos, enquanto eu retomo meus trabalhos e a vida no computador, aos poucos.

As noites de sono da minha existência foram tranquilas e bem dormidas até eu ficar grávida do Daniel. A novela começou lá pelo quarto mês de gravidez e não terminou mais. Passei a ir ao banheiro de hora em hora. Nas viagens a Belo Horizonte, para visitar meu pai e meus avós, não conseguia esperar a parada. Tinha que recorrer ao péssimo, malcheiroso e desconfortável banheiro do ônibus. Fora que as curvas da Fernão Dias tornavam ainda mais delicada uma missão que era para ser das mais simples entre as praticadas pelo ser humano: fazer xixi.

O Daniel nasceu em agosto de 1997. Disseram que, finalmente, as idas ao banheiro chegariam ao fim. Esse fim nunca chegou. Fui ao urologista, ao clínico, ao endocrinologista e, recentemente, a um psiquiatra. Clinicamente, não tem nada de errado, mas não fico mais do que duas horas (meu recorde máximo) sem fazer xixi. Com essa nova gravidez a frequência não aumentou. A urgência, sim. Quando surge a vontade de ir ao banheiro, de repente, não dá para esperar.

Ontem, eu e o Felipe saímos de casa às 9 horas, para uma reunião às 10 horas, em Santo Amaro. O trânsito na Marginal Pinheiros estava horrível. Às 10h45 (depois de avisar ao pessoal que nos esperava sobre o congestionamento), ainda estávamos embaixo da ponte João Dias. Foi quando dei um chilique. "Não aguento mais. Preciso fazer xixi, neste minuto." Achei que o Felipe fosse brigar comigo e falar: "O que é isso? Está louca?" Eu devia estar tão transtornada que ele se resignou a ficar quieto.

Desci do carro. Procurei um lugar embaixo do viaduto, atrás de alguma coluna. Os carros estavam parados, todo mundo ia ver. O desespero era grande, mas nem tanto. Andei um pouco mais. Na subida para a ponte, atravessei a rua e encontrei um lindo canteiro, entre a Marginal e uma via de acesso. Queria encontrar ali uma árvore enorme, uma moita grande. Não encontrei – e não estava aguentando. Procurei o lugar mais central – uma moitinha singela – e resolvi o meu problema. Os carros passavam muito rapidamente e, se alguém viu, nem deu tempo de notar. Tentei voltar e achar o Felipe, mas ele já tinha subido pela ponte. Consegui um táxi e fui para a reunião que, apesar de tudo, foi produtiva (eles aceitaram minhas desculpas gravidacionais).

P.S.: Não recomendo fazer o mesmo... A Marginal não é um bom lugar para sair andando enlouquecida, muito menos para fazer xixi – e sozinha. Mas qual grávida nunca passou por um desespero assim?

✸ ✸ ✸

Ter conseguido fazer o pré-natal do Hospital das Clínicas foi um sonho – e uma tranquilidade gigantesca para mim. Só que essa história de fazer dois pré-natais me deixa meio exausta. É tudo dobrado. Amanhã tenho ultrassom lá no HC. Espero que esteja tudo bem com o bebê. Fico ansiosa antes de ir a uma consulta, fazer um exame. Detesto fazer exame de Aids, embora eu tenha feito alguns, por ter recebido transfusões de sangue. Por mais que eu não tenha com o que me preocupar, fica uma pontinha cutucando a minha orelha e o meu coração. Não sei por que sou assim. No último ultrassom, o filhote estava ótimo. O rumo natural é que o exame de amanhã dê um bom resultado. Mesmo assim, fico nervosa.

Queria nem pensar nessas coisas, mas sem perceber eu penso: será que está tudo bem de verdade? E se não estiver? Será que o fato de eu ainda não me sentir grávida pode atrapalhar? Aí vem uma culpa enorme. A culpa. Ela vive atrapalhando. Sinto culpa por não me achar tão grávida e até por me esquecer, em diversos momentos, de que estou carregando um bebê. Outra culpa absurda: amo tanto o Daniel que, às vezes, acho impossível amar outra pessoa assim. Como se divide um amor desses? Eu sei, não é questão de divisão. O amor se multiplica. Sei tudo isso, mas na prática, no coração e na alma, essas questões me atormentam. Ainda bem que não é a toda hora. A sorte para esses meus tormentos é que tenho certeza de uma coisa: basta começar a sentir o bebê mexendo aqui dentro para as dúvidas desaparecerem. Dizem que um chute do filho na barriga da mãe é um chute que a acorda para a maternidade... Não vejo a hora de isso acontecer...

Pode chutar, meu filho, você vai ser muito amado e querido, ou querida, né?

** * *

Acabamos de chegar do ambulatório de obstetrícia do HC, eu e o Felipe. Primeiro ele disse que não queria ir. "Por quê?", perguntei. "Tenho medo", ele respondeu. "Medo de quê?" "Do ultrassom." Eu não sabia se ria, se acreditava, se duvidava ou se tinha diante de mim sérios motivos para ficar preocupada. Já vi medo de tudo, nunca de ultrassom. No final das contas, o Felipe foi. Ficamos lá por três horas. O bebê está forte e tranquilo, tudo o.k. com o diâmetro biparietal, cefálico, as dimensões do fêmur, do úmero, média USG, DBP/DOF, CC/CA, F/CA e outras siglas que eu não decifrei, mas minha madrinha disse estarem dentro do normal! O bebê está meio sentado, meio de bruços, encolhidinho... A data prevista para o parto foi 30 de setembro (no ultrassom de Três Pontas apareceu 23 de setembro, ou seja, por aí).

Foi então que o médico, um japonês muito simpático e santista, perguntou o que tínhamos em casa. "Um menino", respondemos. "Pois, desde que ele não seja corintiano, vem outro peru por aí..." Ficamos muito felizes!!! Outro menininho!!! O Daniel é meu supercompanheiro. Então, sou suspeita para falar. A menininha, segundo o Felipe disse, fica para a próxima. Só não sei se essa próxima será comigo, porque estou tentadíssima a encerrar a fábrica após esse segundo filho. Engraçado, eu que sou a rainha da culpa, não me senti culpada por ter namorado a possibilidade de o bebê ser uma menina – agora que sei ser um menino. A vida é assim, quando se tem um filho de um sexo, na gravidez seguinte todo mundo torce pelo oposto. O sentimento natural das coisas: ter um casal. Mas as pessoas superam a expectativa e ficam felizes quando o médico, seja ele japonês-santista ou não, revela o grande mistério na imagem do computador. Bom, sei que a história é mais complexa, e alguns pais realmente carregam para sempre a frustração de querer um menino e receber uma princesinha, ou vice-versa. O que não foi o nosso caso. Estamos muito felizes, principalmente porque agora podemos escolher um nome, finalmente. Até aqui as brincadeiras pensando nisso levaram horas ao redor da mesa, de Sidnéia Sheldon e Otero Orlando Orlindo a outras possibilidades não menos estranhas – e divertidas.

* * *

O Daniel comemorou o sexo do irmãozinho como uma grande e difícil vitória. No coro familiar pela torcida por uma menina, ele era a voz alta e dissonante. Queria um menino. Agora, está bastante empolgado com a chegada do bebê. Um alívio para os meus dilemas de mãe. Há muito tempo o Daniel aceitou a realidade de ser filho único e se apegou a ela. Estava bom não ter que dividir com ninguém a atenção, os presentes, o seu pequeno reino familiar. Quando pequeno, ele queria ter um irmão, e a vontade durou até uns 7 anos. Depois, passou. Uma das últimas vezes que pediu um irmãozinho foi logo depois que eu e o Felipe nos casamos. Pela primeira vez, vivíamos os três na mesma casa, em Três Pontas. O Daniel tinha 6 anos, e estávamos assistindo à televisão num domingo à noite quando ele pediu:

— Mãe, me dá um irmãozinho?

Eu, cheia de pompa e nove horas, respondi:

— Meu querido, bem que eu gostaria, mas não é tão simples assim.

Inconformado, virou-se para o pai:

— Pai, me dá um irmãozinho?

O Felipe incorporou aquele jeito de quem vai explicar algo sério e imprescindível e começou a discursar sobre as dificuldades filosóficas e financeiras de ter outro filho.

— Não é simples, Daniel, é complicado. Ter um filho custa caro e é preciso planejar, estar preparado, porque envolve uma série de questões... e blá-blá-blá...

Sem se mexer, deitado como estava no sofá, ele nos olhou com o ar mais natural do mundo e perguntou, sem demora:

— Cêis cruza quando cêis quê?

(...)

Sem saber o que fazer ou falar, respondi:

— É.

— Então, por que cêis num cruza?

Simples assim.

P.S.: As nossas famílias acolheram muito bem a notícia sobre o sexo do bebê.

***

Estou sem muito jeito de escrever. Passei a noite em claro, com dor de cabeça (de vez em quando a enxaqueca ainda aparece para não me deixar esquecer dela). Levantei cedo, para tentar colocar o atraso em dia. Estou com vários textos parados. Os do jornal coloquei em dia ontem, mesmo com a enxaqueca. Agora estou terminando um frila com o qual eu estava superempolgada. Fiz várias entrevistas, uma apuração bem completa sobre o Cazuza, para um especial de uma revista de cultura. Quando comecei a escrever, pronto, a dor de cabeça apareceu para me infernizar. Apesar das circunstâncias cefaleicas, acho que o texto está ficando legal. A história e o personagem são ótimos – e isso ajuda. Vamos ver o que o público da revista vai achar (e a editora, lógico). Agora quero tomar um banho, lavar a cabeça, respirar fundo. Para voltar ao batente. Comecei às 6h30, já que não conseguia dormir mesmo.

P.S.: Acho que senti o bebê se mexer! Não sei se foi delírio desse meu estado meio acordada, meio dormindo, com a cabeça que parece não querer parar no lugar. Mas que senti uma coisa estranha, senti (ou imaginei, o que pode ser, em algumas circunstâncias, quase a mesma coisa).

* * *

Agendei uma aula experimental de ioga aqui perto de casa. Talvez possa me ajudar com a enxaqueca, e com tudo. Dizem que ioga é ótimo para a gravidez, a mãe e o bebê. Quando estava grávida do Daniel comecei a fazer aulas, mas não aguentei a paradeza. Era muita calmaria para os meus 18 anos. Neste momento, em posse dos meus 31, é tudo de que preciso.

* * *

Recebi um e-mail de uma amiga. "Vai ser chamar Antônio mesmo?", ela perguntou. Disse que ficou sabendo que era um menino no chá de bebê da Graziela, outra amiga da minha turma de escola que está prestes a parir, um menino também, Lucas. Eu não pude ir ao chá, esse fim de semana, em Três Pontas. Também perdemos o casamento de um amigo do Felipe. Quem mandou morar em São Paulo? E estar com essa peleja de dor de cabeça?

Isso não vem ao caso. A minha preocupação é que, ontem, a Mariana, minha prima, me telefonou e fez a mesma pergunta, quase afirmativa: "O bebê vai se chamar Antônio?" E isso tudo porque eu apenas mencionei com a minha mãe e com uma amiga que gostava desse nome. Não sei por que as pessoas, principalmente no interior, têm a mania de tomar uma suposição por verdade incontestável. Basta você dizer: "Eu acho..." para virar: "Ela garantiu que..."

Com o Daniel foi a mesma coisa. Eu queria Ariel. O Felipe, a fim de fugir a todo custo desse nome de "sereia e sabão em pó", como ele argumentou, sugeriu Daniel. Gostei, mas ainda não havíamos decidido, quando começamos a ganhar presentinhos bordados com Daniel. Acabou ficando assim. E hoje acho que não poderia ter sido diferente.

Mas, nesta gravidez, não vou deixar isso acontecer. Quando me perguntarem se será Antônio, a resposta será: não. Mesmo que possa ser.

Sugestão para as futuras mamães que tenham família no interior: NUNCA falem dos nomes possíveis quando forem apenas uma suposição. Ou vão acabar decidindo por você...

✳ ✳ ✳

Completo hoje 17 semanas de gestação, a alguns dias de completar o quarto mês! E... cadê a barriga? Só fico com uma ligeira aparência de grávida no fim do dia, depois de me entupir de tanto comer. Não estou comendo mais. Eu sempre comi muito. Não de quantidade, mas de variedade (entendendo-se variedade por "várias vezes ao dia"). Comendo assim, não há pança que não estufe à noite. Apesar da simpática barriga de uma gestação autêntica ainda não ter dado as caras, minha cintura inchou e não cabe mais nas calças jeans. Meu pai! Eu só usava calça jeans... (O item "Comprar uma calça jeans" da minha lista de pendências está lá há mais de um mês e não tomei qualquer providência.) Estou pensando em desistir e comprar uma calça de malha, que disfarça melhor, se eu engordar muito. Pelo menos, engana.

Estou naquele estado em que, se encontrar uma pessoa que não vejo há algum tempo, ela vai pensar: "Uai, a Maria deu uma engordadinha!" Tudo bem, o uai é por minha conta. A questão é que preciso, pra ontem, comprar calças novas. Tenho duas de malha, pretas, mas não dá para alterná-las tanto. Lembrando que moro em apartamento e minha área de serviço não é especialista em secar roupas tão rápido quanto seria o necessário. Infelizmente eu, que DETESTO fazer compras – ainda mais de roupa –, vou ter que encarar a missão.

✳ ✳ ✳

O Du, o Cabeto e a Anna, nossos amigos publicitários, vieram aqui para falarmos sobre o site do festival.

Nós, mineiros, não sabemos receber as pessoas em casa sem comida. Mesmo que seja para um encontro profissional. Preparei alguns aperitivos e o Felipe fez uma carne assada com bacon e um creme com queijo e catupiry. Eu estava muito cansada, morta de preguiça, mas assim que me levantei para organizar a mesa e preparar o arroz, melhorei.

A reunião acabou por volta da meia-noite. Até o Daniel participou. Não sei o que ele viu de interessante, mas ficou por lá, ouvindo e dando palpites. O saldo foi uma lista de tarefas e orçamentos para finalizar e uma cozinha gigantesca para lavar. Nem me atrevi a mexer nela, porque passei o final da noite deitada no sofá. Eu não aguentava mais ficar sentada. Isso porque estou com quatro meses. Imaginem quando estiver com oito, quase nove, e o festival realmente acontecer?

* * *

Acordei às 7h30. Minha empregada estava na cozinha, começando a lavar a louça da reunião-aperitivo. Ela chega por volta dessa hora e sai às 15h30. Gosto de que cumpra horário, nem menos, nem mais. Melhor pra todo mundo. Depois de darmos bom-dia uma à outra, ela me veio com o interrogatório:

Ela: Veio gente aqui ontem?

Eu (sem a menor paciência para as mil perguntas): Veio.

Ela (esperando que eu dissesse algo mais): Quem veio?

Eu: Um pessoal.

Ela: Muita gente?

Eu: Não.

Ela (provavelmente por causa da louça suja): Fizeram um banquete, hein?

Não respondi, fui para o quarto espumando de raiva. Não consigo entender o que ela tem com isso. E também não sei qual é o problema de ter mais louça para lavar que o normal.

É por isso que marco horário de trabalho. A funcionária entra às 7h30 e vai embora às 15h30, em ponto. Nesse meio-tempo, o que tiver para fazer, tem de fazer. Não importa se vai passar a manhã toda lavando louça. Aí é só não lavar os banheiros ou não passar roupa. Quando voltei para a cozinha, mais calma, tive a boa notícia:

Ela: Maria, vou ficar com vocês só até dia 30, sexta-feira que vem.

Eu (surpresa e aliviada): Está bem, obrigada por ter avisado.

Ela (ficou me olhando, acho que esperando que eu fosse falar ou perguntar algo mais).

Não perguntei. Apenas fiquei quieta, tirando um peso de cima de mim. O Felipe me disse que ela jogou verde. Disse isso para eu perguntar o porquê e pedir para ela ficar. Não perguntei, nem pedi. Nem pensei nessa hipótese e, se eu perguntasse e ela desse uma abertura, depois eu ficaria com pena de dispensá-la (me conheço bem a esse ponto). Achei melhor, muito melhor, encerrar o assunto ali.

Ela começou a trabalhar aqui depois do carnaval. É eficiente, tem expediente e faz as coisas direito. Então, por que eu me senti aliviada? Porque fico muito tempo em casa e meu gênio não bateu com o dela. Isso nunca aconteceu antes. Eu fico amiga de infância das empregadas. Dou presentes, passo horas conversando, chamo para tomar um cafezinho comigo, ajudo no que posso, faço brincadeiras. Isso, no entanto, não aconteceu com ela. Sabem quando a coisa não bate?! Ela tem uma personalidade que não me deixa à vontade. Pergunta muito e faz alguns comentários que, não sei, me parecem meio desnecessários: "Credo, você tem muita roupa" (das minhas amigas sou a que tem menos, duas míseras portas de armário). Ou: "Não tem jeito de passar isso aqui, só se for passadeira, sinto muito." Ou: "Não sei por que fazer tanta comida, ninguém come." Coisas bobas, pequenas, mas de um jeito que me incomodou. Não me senti à vontade com ela e estava nesse dilema sobre o que fazer. Talvez seja eu a complicada. Mas tive quatro outras empregadas desde que eu e o Felipe nos casamos e me dei muito bem com todas.

Enfim, ela fez por mim e me facilitou a vida. Embora agora eu tenha de sair, enlouquecidamente, atrás de uma nova ajudante... Por enquanto acho que eu, o Felipe, o Daniel e a Paula aguentamos a barra. Mas e quando a barriga começar a crescer, pesar? E quando o bebê nascer? Sim, preciso URGENTEMENTE de uma nova empregada!

※ ※ ※

O plano era passar um fim de semana tranquilo, aqui em São Paulo. Mas tivemos de ir para Três Pontas no sábado, para o Felipe ajudar a mãe dele a resolver umas coisas de família. Como estava sem dor de cabeça, programei mil visitas. Consegui colocar em prática poucas. Assim que acabei de almoçar – umas trouxinhas deliciosas feitas pelo Diego, marido da minha mãe e cozinheiro maravilhoso, principalmente de massas –, recebi um telefonema. Era um pessoal de Belo Horizonte, estudantes fazendo um documentário sobre o Clube da Esquina, e queriam me entrevistar, sobre o Milton Nascimento. Cansei de explicar que a estrela é ele, eu só escrevi a biografia. Mesmo assim, volta e meia me pedem para dar entrevistas, falar sobre o livro e sobre o Milton. Concordei em receber os três meninos – só faltava não concordar. Também fui estudante, também entrevistei um monte de gente para meu TCC e também ouvi 11 nãos para cada sim. A tarefa da entrevista levou a tarde toda, e, quando me dei conta, não dava para visitar mais ninguém, só mesmo comer rocambole de doce de leite, rosca e pão de queijo quentinho na casa da minha mãe, com minha sogra, uma amiga e uma tia.

No domingo, livre de entrevistas e afins, fui visitar a Graziela, minha amiga grávida. Se eu não a visitasse logo, só a veria sem a barriga, com o bebê no colo. Ela e o marido estavam em casa. Vi o álbum de grávida, com fotos que minha mãe tirou; o quartinho lindo, branco, de ursinho... Fiquei feliz por ela, porque está quase na hora do bebê nascer e tudo está pronto. Ela é uma das minhas amigas que mais conseguiram planejar e organizar a vida como deve ser. Depois de um tempo de namoro e noivado, o casamento. Não sem antes se formar na faculdade e começar a ter o próprio dinheiro. Ela e o marido são dentistas e formam um lindo casal. Compraram uma casa ao se casarem, estão estáveis no trabalho, viajam. Dois anos após o casamento, a gravidez e, agora, um lindo bebê por vir.

Tudo nos conformes, igual eu imaginei para mim quando eu tinha uns 14 anos. Quase igual, porque eu nunca quis ser dentista. Mas eu pensava que, com meus 25 anos, eu estaria muito bem estabilizada profissionalmente, uma mulher independente, segura, moderna, com o cabelo comprido poderoso e uma bolsa grande. Viajada, estudada, pós-graduada e recémcasada. Antes dos 30 teria meu primeiro filho, uns dois ou três de uma vez, para criá-los juntos. Eu e meu marido chegaríamos em casa ao final do dia, depois de uma jornada de trabalho, estaríamos com as crianças e eu teria ainda tempo para a ginástica, o cinema com as amigas e os livros de sucesso que escreveria. Isso foi o que imaginei para mim quando tinha 14 anos e esperava ansiosamente no banco da praça da igreja, em frente à revistaria do Hésio, a chegada da *Capricho*.

Depois comecei a mudar um pouco os planos. A rotina diária profissional já não me seduzia, queria uma vida mais livre e reinventada, o máximo possível. Incluí um estúdio na minha casa sonhada, porque me apaixonei, aos 16, por um músico e não conseguia imaginá-lo saindo e voltando do trabalho com uma pasta de couro nas mãos, todos os dias. Queria acordes, violão, piano. De resto, os planos continuavam os mesmos: a tranquilidade financeira e profissional, a sequência namoro-noivado-casamento-filhos.

Aos 18, fiquei grávida e o plano familiar se inverteu completamente: namoro-filho-noivado-casamento. Consegui estudar e me formar no que queria, conquistei bons trabalhos, mas não alcancei a estabilidade. Quando o dinheiro está prestes a sobrar, invento um projeto novo que me consome tempo, orçamento e energia. Em contrapartida me diverte e me faz sentir viva. Ainda não temos uma casa, nem um apartamento. O aluguel é uma realidade tão inerente que é difícil me imaginar sem ele. Viajamos até que bastante – para Três Pontas ou a trabalho, mas pouco a passeio. Não me sinto independente e queria minha mãe aqui comigo todos os dias, ou minhas avós, minha sogra, minhas tias, qualquer uma delas para tomar conta de mim, da minha casa e da minha família.

Tenho 31 anos, e meu cabelo há muito deixou de ser comprido. Minha bolsa oficial é pequenina, de tecido florido em tons de vinho, que carrego na mão, porque a alça não cabe no braço. Vou ao cinema, mas nunca com as amigas de toda a vida, que eu mal encontro. Não faço ginástica, embora goste de pilates, hidro e caminhada. Estou grávida, outra vez sem planejar. O intervalo entre nossos dois filhos será de 13 anos, e não sei se conseguirei preparar um quarto lindo, branco, de ursinho, como minha amiga fez e eu gostaria. Estou feliz, porque sou uma pessoa feliz, mas em nada parecida com aquela mulher moderna que sonhei ser.

***

Hoje vou fazer uma aula experimental de pilates. A de ioga não fiz ainda. Remarquei um trilhão de vezes, inclusive com nomes diferentes, por vergonha de tantas remarcações. É que a de ioga é mais longinha, uns três quarteirões ladeira abaixo. A de pilates é na esquina de cima. Fiz pilates por dois anos, quando morava em Três Pontas. Amava! Saía da aula sem uma gota de suor! Tenho pavor de ficar suando, ou cansada, ou bufando. Ao contrário do que diz a ciência, liberar essa adrenalina não me faz sentir a autoestima nem um pouquinho melhor. Gosto de alongamento, exercício de respiração e atividade na água, porque não sinto que me canso muito.

Eu queria era comprar um aparelho que vi na televisão, enquanto descansava um pouco depois do almoço e de uma reunião em uma casa de shows. É um aparelho simples – e o que você precisa fazer para perder as gordurinhas e ganhar um corpão? Nada, só ficar em pé em cima dele. O tal aparelho vibra e você, com todos os seus músculos e banhas, vibra junto. A cena não é muito agradável. Toda aquela massa não muscular balançando (porque, sim, até as modelos balançam feito gelatina). E tem ritmos diferentes de vibração, para cada necessidade. Um espetáculo. Está resolvido: caso eu não goste muito da aula de pilates nem da de ioga (se eu conseguir ir à aula experimental), vou comprar um negócio desses.

❈ ❈ ❈

Quando os filhos são pequenos, a gente não para de colecionar histórias engraçadíssimas, porque as crianças levam tudo ao pé da letra. Eis o diálogo que aconteceu quando o Felipe levou o Daniel para ver a montagem de som da banda de um amigo dele, Ummagumma, que faz um cover do Pink Floyd bem legal:
Felipe: E aí, beleza?
Bad (vocalista da banda): Beleza, brou?
Daniel: (silêncio).
Felipe: Como é que vai ser aí, mano?
Bad: Vamos quebrar tudo!
Daniel (espanto): Vocês vão quebrar tudo?
Bad (levando o não entendimento adiante): Vamos, cara, tudo!
Daniel: Até o vidro da bateria (apontando para o acrílico)?
Bad: Até o vidro da bateria.
Daniel: Como vocês vão quebrar? Chutando?
Bad: É, chutando, pulando em cima.
Daniel: Mas aí vai estragar.
Bad: Não tem problema, depois o Moe vem e cola com Super Bonder.
Daniel: Eu posso quebrar também?

Bad: Claro, mano.

Daniel: Pai, me traz no show do Ummagumma?

❊ ❊ ❊

Altura: 1,75 m

Peso: 68,2 kg

Cintura: 93 cm

Em qualquer outra época eu entraria em pânico com essas medidas. O peso está 2,5 quilos acima do normal e a cintura, que eu sempre quis ter de pilão e nunca tive, está alguns centímetros além. Achei ruim? Sim, mas porque cresceu pouco – minha cintura não alcançou nem um metro ainda! Eu pergunto de novo: cadê a barriga??? Se alguém achá-la por aí, por favor, é minha.

❊ ❊ ❊

Parabéns para a gente!!! Hoje completamos 18 semanas, fim do quarto mês e início do quinto. Quase no meio da gravidez. Essa primeira metade passou tão rápido que nem quero ver como será a segunda. Para comemorar, resolvi fazer um rocambole de doce de leite! Peguei o livro de receitas que minha avó Norma me deu. É um livrinho quase artesanal, com receitas das Domadoras do Lyons Clube de Três Pontas. As receitas são ótimas. O padrão de formatação é zero. Durante quase três anos, editei receitas para uma revista de supermercado e fiquei obcecada com isso. Se, em "Ingredientes", começa dando as medidas por gramas, não pode mudar para quilos de repente. E tem de explicar se a colher é de chá, de sopa ou se o copo é americano ou desses de requeijão. Também não vale ficar falando em ml, porque existe uma clara dificuldade popular em compreender as medições por litros, decilitros ou mililitros. Nesse livrinho que minha avó me deu, metade das receitas você tem que adivinhar, porque a explicação vem com as medidas nas entrelinhas. Exemplo: "trigo a gosto (quanto?), açúcar a gosto (gosto de quanto?), um copo de água (qual copo?), uma colher de maisena (qual colher?), misturar e colocar para assar (em forno alto, baixo, médio? E por quanto tempo?)." Outro dia fiquei com preguiça de ligar para ela para decifrar as colheres de um pão de cebola. Deu errado. Eu deveria ter colocado uma colher de sopa de fermento, mas usei a de chá. Hoje, vai dar certo. A receita de rocambole é uma das poucas que tem a explicação das quantidades certas.

***

Perdi uma hora preciosa da minha tarde. A massa do rocambole cresceu, ficou linda, murchou e ficou crua no meio e dura nas beiradas. Até o doce de leite, que era simplérrimo, desandou. (Existe alguma dificuldade em cozinhar uma lata, fechada, de leite condensado por trinta minutos na panela de pressão?) Ficou duro e ruim. Tentei melhorar, derretendo junto com um pouco de leite em uma panela. Talhou. Estava desesperada. Portanto, coloquei a culpa no Felipe:

— Você comprou um leite condensado ruim, nunca vi esta marca, está vendo o que aconteceu?

Ele saiu agora para buscar o Daniel e pedi para comprar outra lata, dessa vez de Leite Moça.

— Estou grávida, não posso economizar com essas coisas — eu disse, pouco convincente.

Xinguei o livrinho de receitas e liguei para a minha mãe, que me deu outra versão. Vou fazer hoje ainda, porque virou questão de honra.

※ ※ ※

Fiz a receita de rocambole da minha mãe. Acabei às 10 horas da noite. A massa ficou fofinha e saborosa. Só teve um problema: coloquei pouca quantidade para o tamanho da forma. Resumo da ladainha: ficou fina e despedaçou quando fui tirar o papel-alumínio. Para não ficar mais uma vez sem rocambole, cortei em tiras e montei como se fosse um bolo de pão de ló recheado com doce de leite (o doce do Leite Moça cozido ficou um sonho)! E quanto à primeira massa? No final das contas ficou semelhante a um biscoito champanhe, que cortei e coloquei num pote de vidro. Está fazendo sucesso. Depois vou preparar outro rocambole, até atender exatamente ao que meu desejo de grávida quer.

Mas o novo rocambole vai ter de ficar para amanhã. Hoje não posso. Vou trabalhar e, em alguma hora vaga, fazer massagem. A Janice, amiga da minha mãe que virou minha amiga, vem para São Paulo e vai dormir aqui em casa. Ela é professora de ioga e excelente massagista. Falando no assunto "visitas", tenho algumas considerações a registrar.

Adoro casa cheia. Sempre quis minha casa abarrotada de gente. Acho que me espelhando na casa dos meus avós maternos, onde praticamente cresci. As duas portas viviam abertas e chave era uma palavra que não existia. As visitas eram muitas, algumas permanentes, temporárias, passageiras. Eu fui uma visita permanente.

Quando casei, disse para mim mesma: "Quero minha casa cheia." Mesmo morando em Três Pontas, a cheiura não chegava nem perto do sonhado. Recebia algumas visitas, esporádicas. Nada de mesas de café espremidas, almoços animados pela disputa pela panela de arroz ou a concha do feijão. A minha casa era tranquila e silenciosa.

Ao mudarmos para São Paulo, finalmente a casa encheu. Rara é a semana que passamos sem visitas. São parentes, principalmente, e amigos, quem vêm para consultas médicas, compras na 25 de Março ou shows. O apartamento tem 80 metros quadrados, mas sempre há espaço para receber mais alguém. Tenho dois sofás que viram cama de casal na sala (só dá para abrir um de cada vez), três colchões e há corredor, escritório, cantinho da sala, dos quartos. Muito chão para receber um hóspede e seu respectivo colchão.

Chegaram a dormir nove pessoas aqui durante um fim de semana, além de mim, do Felipe e do Daniel. Esses movimentos maiores são em dias de shows. No do ACDC havia 22 pessoas. Só sete para "pouso", mas as outras passaram o dia todo aqui, revezando os assentos e os espaços em pé. Lá em Três Pontas, todo mundo já sabe: pode vir, é um prazer, mas a hospedagem custa uma manteiga da Cocatrel. Até hoje não encontrei, aqui em São Paulo, nenhuma tão boa quanto essa da Cooperativa dos Cafeicultores da Zona de Três Pontas Ltda., Cocatrel.

Semana passada, vieram o Pedro, meu primo de 22 anos e dono de um bufê desde os 16, e uma amiga dele. Ficaram dois dias, e a sala ficou entupida de caixas de material de festa. Na semana anterior, foi a vez da Luiza, minha prima cabeleireira que, no último ano da faculdade de comércio exterior e com um excelente emprego, avisou meu tio de que seria, pois sim, cabeleireira. Terminou a faculdade, guardou o diploma, fez um curso no Senac e está feliz da vida fazendo cortes, tinturas e penteados. Antes dela, foi uma prima da minha mãe, escritora e professora, um amor de pessoa, com quem passo horas e horas conversando sobre literatura, romances, contos e projetos.

No último domingo, a Júnia, minha irmã do meio, me ligou (tenho duas irmãs por parte de pai, Júnia e Laura, e uma por parte de mãe, Vitoria, que é um ano e meio mais velha que o Daniel e sinto como se também fosse minha filha). Ela teria uma semana de folga na faculdade e queria vir me visitar e me ajudar nas coisas do festival. Achei ótimo. Acabou não vindo. Meu pai achou que a casa estaria muito cheia e me atrapalharia (pelo fato de a Paula estar morando aqui com a gente).

Sinto-me feliz e realizada por receber as pessoas, mais que isso, por QUERER receber as pessoas, sem me sentir incomodada. A minha privacidade está dentro de mim, e não no espaço ao meu redor. Gosto de sentir que minha casa é um pouso seguro. Gosto de gente. Gosto de prosa. De café. De ter com quem compartilhar os dias. Não gosto de solidão.

※ ※ ※

Demorei uns quatro anos para descobrir a enrolação. Agora, não vem que não tem. Ontem estava assistindo a um filme na TV a cabo (meio ruim), quando o Felipe resolveu sentar comigo, ver se estava tudo bem, se eu precisava de algo, se minha barriga estava boa (barriga, no vocabulário do Felipe, é igual a bebê). No intervalo do meu não-bom-filme ele mudou de canal. O placar marcava 94 a 93 para o Oklahoma contra os Lakers, jogo de basquete. Esperei um pouco e disse:

— Fê, o filme deve ter começado, muda de canal, por favor?!

— Peraí, faltam só dois minutos e 45 segundos.

Cedi, só porque o jogo estava melhor do que o filme, porque os tais dois minutos e 45 segundos viraram uma eternidade. No basquete é assim, a cada passo, uma pausa, o cronômetro para e começa tudo de novo. Fora os tempos que os técnicos pedem. Devia ser igual ao futebol, dois tempos e pronto. Na primeira vez que ele me pediu para esperar o jogo terminar porque faltavam 12 minutos, perdemos a saída. Acabei dormindo na quase hora e meia que se estendeu até o juiz apitar o fim do jogo.

Portanto, dica para mulheres, grávidas ou não, quando o marido, namorado, companheiro ou qualquer indivíduo pedir para esperar um pouquinho enquanto os dois minutos do basquete terminam: o melhor é pegar a bolsa e ir cuidar da vida. A não ser que gostem de basquete ou não tenham nada mais para fazer. Nesses dois últimos casos, até que o jogo pode ser divertido. Ontem, nos últimos cinco segundos, os Lakers marcaram dois pontos e venceram a partida. Meu filme, bem, não sei como terminou, porque acabei dormindo.

Maio

Acabamos de chegar da livraria que fica no Conjunto Nacional. Fomos eu, o Daniel e a Paula. Amo ir a livrarias e procuro levar o Daniel comigo, ele querendo ou não. Em dezembro tive minha recompensa por isso. Estava no shopping com ele e a Vitoria, que veio passar uma semana das férias de fim de ano com a gente. Depois do cinema, levei os dois à livraria. E não é que, pela primeira vez, eles se interessaram por livros que não eram livros-brinquedos? A Vitoria comprou um para meninas pré-adolescentes. O Daniel, o primeiro volume de uma série sobre uma aventura com personagens da mitologia grega. Nem acreditei, porque eram livros grossos. Comprei meio desconfiada. Duvidando que fossem ler. E não é que gostaram? Leram em três dias e tivemos de correr para comprar os volumes seguintes das duas séries... Desde então, o Daniel está mais animadinho para o programa "Ir à livraria com a minha mãe". Hoje, além do livro da escola, deixei que ele comprasse outro. Escolheu *Diário de um banana*. O que será isso? A Paula adorou o passeio e encontrou vários livros sobre educação ambiental e sustentabi-

Mãe de dois 85

lidade. Eu procurei livros de bebês e grávidas, de ficção ou não. Nossa, como existem livros sobre esse tema. Abri vários e li a primeira página para ter uma ideia geral, mas eram muito didáticos. Resolvi ficar com *La ciudad y los perros*, um dos poucos do peruano Vargas Llosa que ainda não li.

***

Acordei cedo e todo mundo estava dormindo. Como não tinha nada para fazer e eu era o único ser vivo (além das minhas plantas) de pé, resolvi dar uma olhada no *Diário de um banana*. Fazia tempo que eu não ria tanto, de dar dor de barriga e ficar com medo de prejudicar o bebê. O livro é ótimo e estou quase no fim, claro, porque é mínimo, letras grandes e ilustrações. Estou adorando, mesmo tendo a tal história de popularidade nas escolas americanas, que desprezo categoricamente, e situações de puritanismo que, bom, idem. Estou doida para ler o *Diário de um banana 2*! O Felipe acordou com as minhas gargalhadas e não entendeu o motivo de eu estar rindo assim com esse livro quase infantil. Acha que involuí umas duas décadas na faixa etária depois da gravidez. Expliquei que o texto é ótimo e engraçado. Mas ele não se convenceu.

***

À tardinha fui assistir a um espetáculo do Teatro Oficina, encerrando a minha programação de domingo. Estão promovendo uma semana de popularização do teatro, e o ingresso é um quilo de alimento não perecível. Eu gosto do Zé Celso. Ele não é nada convencional. Nada convencional é pouco, ele é bastante doido. Achei que seria legal para o Daniel assistir a um teatro assim, diferente. Posso ser uma mãe malvada, mas eu obrigo meu filho a ir em programas culturais comigo que não são exatamente de criança. Shows de música instrumental – com as devidas recomendações: "Você tem que ficar quieto na cadeira, está proibido de se mexer, falar, conversar ou respirar"; filmes experimentais; palestras em espanhol sobre roteiro de cinema; feiras de antiguidades... Por outro lado, eu o acompanho na sessão do *Dragon Ball*, campeonato de esgrima, um dia no Playcenter, e por aí vai. Geralmente, a negociação é assim:

– Vamos, Daniel, ao cinema?
– Qual filme?
– *Entre os muros da escola*.
– Do que que é?
– É a rotina de um professor em uma sala de aula da periferia de Paris, lidando com as diferenças raciais, culturais e essas coisas, com alunos franceses, mas filhos de imigrantes.
– Não vou.
– Vai sim, eu sou a mãe e você não tem opção.

Em umas duas ocasiões, cedi e não o levei. Justamente nessas, fiquei aliviada, porque o conteúdo não era apropriado a um menino da idade dele. Ontem, depois de uma tarde de briga para levá-lo comigo à peça, acabei cedendo e deixei vencer o programa "Quero ver futebol com o meu pai". Fomos eu e a Paula. Ao entrarmos no teatro, senti um peso, que eu desconhecia, saindo de mim. Havia um homem completamente nu, logo na entrada. Nas três horas e meia que se seguiram, nunca vi tanta gente pelada e em cenas tão pesadas. Os atores são bons, a peça é boa, mas em um nível de realidade que eu, sinceramente, não esperava. Também, isso que dá não pesquisar sobre de que se trata o espetáculo. Nem tinha passado pela minha cabeça associar o título "O banquete" a alguma noite de orgias (tremenda toupeira, eu). Até que foi divertido, apesar de longo. Dei boas risadas, mas vi coisas que me deixaram um pouco chocada. Meu intelecto e meu repertório cultural ainda não estão tão avançados quanto eu achava que estariam. Dei graças a Deus pelo Felipe também não ter aceitado o meu convite e ter ficado com o Daniel. Ele já acha estranhos os livros que leio e os filmes que vejo. Se ele estivesse no banquete, talvez pudesse ser o nosso último juntos antes de uma trágica separação.

Quanto à Paula, pensei seriamente que ela faria as malas e iria embora no dia seguinte. Por enquanto, as coisas dela continuam aqui.

Portanto, dicas aos pais, mães, tios, padrinhos, madrinhas ou qualquer pessoa adulta que vá levar uma criança ou pré-adolescente a um programa cultural não infantil: nunca, em hipótese alguma, jamais, deixe de ler a sinopse antes!

* * *

Fui cedo à consulta de pré-natal no Hospital das Clínicas. Gosto de levar um livro, para ler enquanto espero ser atendida. Nunca leio. Acabo me distraindo observando as outras grávidas. São muitas, e de todos os estilos e tipos físicos possíveis – barrigas pontudas, redondas, esparramadas, altas, baixas, semi-invisíveis. Fico imaginando quais as histórias dessas mulheres, por que estão no atendimento de alto risco, se têm outros filhos, quantos, com quem. Até que anunciam o meu nome e preciso me despedir do devaneio, a essa altura, um dramalhão digno de novela.

O doutor concorda comigo: minha barriga está pequena, e ele acha que eu poderia ter ganhado mais do que os 3,450 quilos que ganhei até agora. O Daniel nasceu com baixo peso, talvez possa ser a estrutura do meu corpo, ele disse, porque, aparentemente, apesar de a barriga estar pequena, não há nada de errado. Saí de lá com um ultrassom marcado, uma pulga atrás da minha orelha neurótica e duas recomendações:

– Você vai continuar com a medicação para a enxaqueca e precisa aumentar a ingestão.

– Ingestão de quê?

– De comida, para ganhar peso.

– Mas, doutor, só se eu for explodir, porque eu JÁ como MUITO.

Ele me olhou, desconfiado. E eu olhei desconfiada de volta: será que eu tenho cara de quem come pouco ou faz dieta? Não é possível, eu sou a pessoa mais esfomeada que conheço e não sou magrela. Mas recomendação médica é recomendação médica. Cheguei em casa e comi duas mexericas e uma banana, mesmo estando na hora do almoço.

❊ ❊ ❊

Fiz minha última sessão de entrevistas com o doutor psiquiatra. Vou sentir falta dos nossos almoços, das nossas conversas e de tudo o que tenho aprendido com ele. Ele queria continuar. "Já acabou, Dolores?" (ele me chama de Dolores). Eu expliquei que não, mas temos um material significativo. Preciso transcrever as fitas (não me adaptei ao gravador digital), ler, separar por assuntos e datas e, com ele e meu primo T., que vai editar o livro, ver o que precisa ser aprofundado, o que tem de sobra e o que falta. Eu expliquei que, por mim, também queria continuar, mas ele, mais do que ninguém, sabe que nem sempre a gente faz só o que gosta. "Veja só, doutor, todas as quintas-feiras eu tenho um ótimo almoço, com uma ótima companhia, faço duas horas de terapia intensiva e ainda recebo por isso. Por mim, não terminava nunca." Ele riu – e entendeu. Daqui a alguns meses voltaremos a nos encontrar.

* * *

Apesar de as coisas dela permanecerem aqui em casa, estou desconfiada de que a sessão teatral de ontem teve reflexos não muito positivos sobre Paula em relação a minha pessoa, que, afinal, foi quem a levou ao teatro. Até agora, ela ainda não chegou em casa. Hoje ia trabalhar só no período da manhã...

* * *

Está ficando chato a gente não ter escolhido um nome para o bebê. As tiradas vão desde "Nossa, ainda não decidiram?" até "Credo, coitada da criança, nem tem nome". Por isso, coloquei um prazo: pretendo decidir o nome até o final do mês. Tudo bem, pretendemos (preciso incluir o Felipe e o Daniel nessa decisão, por mais que eu tenha plena convicção de que será única e exclusivamente minha).
P.S.: A Paula chegou...

* * *

Passei por duas situações reveladoras que confirmam que estou deixando, realmente, de ser uma menininha. Tema bom para pensar duas semanas antes de completar 32 anos.

Situação 1 (positivíssima):
Pela primeira vez em sete anos dedicados ao trabalho (jurava que minha trajetória profissional era mais antiga), recebi um pagamento maior do que o combinado. Foi por um frila. Gostaram do texto final, acharam que trabalhei mais do que o previsto e me premiaram por isso! Aceitei como um sinal de evolução. Enfim, rumo à vida madura e à mulher de cabelos compridos e bolsa grande-poderosa dos meus sonhos *teen*.

Situação 2 (não tão positiva):
O Daniel veio com esta conversa:
— Mãe, preciso de uma foto 3x4 sua para levar amanhã na escola.
— Pra quê? (Pergunta que não se deve fazer ao filho na véspera do Dia das Mães.)
— Para um trabalho de matemática (e eu acreditei, de verdade).
— Acho que não tenho nenhuma. Mas pode deixar que amanhã cedo eu tiro uma nova, bem linda.
— Não tem nenhuma outra, mais velha?
— Acho que não...
— E aquela do quadro, não tem em 3x4? (Entendendo-se por "aquela do quadro" uma produção em preto e branco que minha mãe fez de mim, aos 19 anos, para uma exposição fotográfica.)

— Aquela só tem grande. Não se preocupe, Daniel, vou tirar outra.

— Mãe, você está cheia de cabelo branco, assim eu não quero. Pode deixar que eu te desenho.

❋ ❋ ❋

Estamos sem empregada desde sexta-feira passada, quando a nossa ajudante foi embora. Enquanto não arrumamos outra, eu e o Felipe estamos dividindo as funções da casa. O Daniel e a Paula também, eles cuidam do quarto dele, lavam a louça que usam, fazem pequenas compras no supermercado aqui do lado e mantêm o banheiro do corredor limpo. O Felipe cuida da arrumação dos quartos e do nosso banheiro, e da tarefa de varrer e passar pano em todo o apartamento, porque eu me recuso a arrumar, fico muito cansada. "Ah, não vou varrer não, nem me agachar. Estou grávida", eu disse logo no primeiro dia. Sobraram pra mim, então, a cozinha e a roupa. Para minha surpresa, estou me divertindo, pelo menos por enquanto. Tenho procurado colocar em prática os ensinamentos que vi em um livrinho de bolso do Krishnamurti. Nunca me esqueci de um que li quando era pré-adolescente. Na época, passei uns dois meses focada no autoconhecimento, na minha energia como ser vivo e nas técnicas de meditação (embora eu confundisse meditação com poderes mágicos e tenha gastado algumas tardes deitada no chão da sala de piano tentando levitar ou olhando para uma colher na esperança de entortá-la com o poder da minha mente). Bom, o livro do Krishnamurti dizia que o segredo da vida é descobrir os pequenos prazeres e aprender a viver o momento.

Eu tenho muita dificuldade em viver o momento. Ou estou com a cabeça lá na frente, nos planos do futuro e tarefas a fazer, ou lá atrás, revivendo o passado. Esse livrinho trazia um conselho prático para aprender a vivenciar o presente: "Enquanto estiver lavando a louça, você está lavando a louça." É para se concentrar só nisso. Na água caindo sobre os pratos, na sujeira e na espuma escorrendo pelo ralo, nos infinitos barulhinhos que passam despercebidos mas, sim, fazem parte da arte de lavar vidro, porcelana, metal, plástico. Uma espécie de meditação. Agora que não tenho opção e a limpeza da cozinha é por minha conta, estou tentando praticar os ensinamentos do Krishnamurti. Em parte, estou conseguindo.

Está certo, não tem nada de muito agradável em panela com gordura ou vasilha de manteiga, mas estou me distraindo o suficiente pensando que, apesar disso, a bucha e a espuma do sabão são mais fortes e, de uma hora para a outra, aquela panela imunda ficará limpinha de novo. Tem sido uma terapia, lavar a louça e a roupa (O.K., se eu não tivesse a máquina para a roupa não acharia tão divertido assim). Saio da cozinha e da lavanderia renovada, cheia de disposição. Mas não pretendo transformar essa terapia em algo permanente. Por isso, continuo a busca por uma ajudante.

✳ ✳ ✳

Daqui a nove dias faço aniversário. A fim de facilitar a vida dos meus familiares queridos, fiz uma lista de presentes e não presentes:

Não presentes:

- Não quero ganhar presentes para o bebê porque, afinal das contas, o aniversário é MEU e nem com a maior boa vontade da imaginação existe alguma possibilidade de eu caber em um pagãozinho de recém-nascido. Mas, não se preocupem, haverá o devido momento para isso, que se chama "chá de bebê" e não "aniversário da mãe".

Presentes:

- Calça de malha ou de grávida;
- Blusa de malha ou de grávida;
- Creme para o corpo (sem cheiro de flor, please);
- Cadeira para o computador (bem ergonômica e confortável);
- Bota de cano mais alto (para enfrentar o frio e a garoa de São Paulo. A minha está furada há três anos, troquei a sola quatro vezes, e agora nem por reza brava consigo me livrar do furo que faz meu pé se inundar quando chove);
- Um ótimo livro (favor consultar meus autores favoritos antes);
- Cartõezinhos;
- Rocambole de doce de leite, bolo de amendoim, pão de queijo ou um kit de produtos da Cocatrel;
- Um abraço, um telefonema, um e-mail, um voto de felicidade!

❉ ❉ ❉

O Daniel foi a um passeio da aula de história com a escola. Passaram o dia visitando igrejas diferentes – sinagoga, mesquita, católica apostólica romana. Ele foi todo emperiquitado: emprestei minha máquina profissional analógica (porque não dava para emprestar a digital, que uso para fazer as fotos do jornal), o gravador com fita e a bolsa fotográfica.

O ônibus deveria chegar ao colégio às 17 horas. O Felipe foi buscá-lo. Assim que saiu, o Daniel ligou dizendo que atrasariam umas duas horas. Sem ter como avisar o Felipe (ele esqueceu o celular), fui até lá, a pé mesmo, porque é perto. Enquanto andava, surgiu a ideia: "Sexta-feira, esta hora... Se vamos ter que esperar, bem que podemos tomar um aperitivo num barzinho perto da escola."

Uns 50 metros antes da esquina, enxerguei o Felipe. Ele teve o mesmo pensamento que eu. Já estava devidamente instalado em uma mesa na calçada, tomando cerveja. Sentei com ele e pedi um suco de laranja. Pedimos ao garçom calabresa acebolada para beliscar, compramos na banca do quarteirão o jornal com o guia cultural da semana e conversamos sobre coisas sem importância.

Do outro lado da rua, em frente ao colégio, havia vários pais e mães. Todos meio nervosos, tensos, esperando seus filhos. Pensei: "Se sabem que vai demorar, porque não aproveitam também para se distraírem, relaxarem?" Não precisa ser num boteco. Há três sebos ao lado da escola, dois cafés e muitas lojas. Não. Durante as duas horas seguintes ficaram ali, amargurando o nervosismo da espera.

A vida podia ser tão mais simples, não é?

* * *

A gravidez é um momento maravilhoso na vida de uma mulher. Mas vem acompanhada de surpresinhas nem sempre agradáveis. Quando estava grávida do Daniel, eu não sentia nada. Desta vez, cada dia é uma novidade. Pelo menos fiquei livre da enxaqueca, o que é um GRANDE motivo para comemorar.

Ontem fui ao jornal e, na volta, minhas costas começaram a doer. Doíam tanto que me deu vontade de chorar. Para complicar ainda mais, o trânsito estava lento e demorei a chegar em casa. Cheguei desesperada. Coloquei um colchão fininho no chão e deitei, para ver se melhorava. Depois, virei de lado e pedi para o Felipe fazer massagem. Ele é ótimo massagista e, o melhor de tudo: GOSTA de fazer massagem, mas não gosta de recebê-la. Portanto, saio no lucro.

Meia hora de apertos com os dedos e soquinhos depois, senti alívio e consegui sentar diante do computador para trabalhar. Tenho muitos textos para escrever e entrevistas para fazer pelo telefone.

À noite, antes de dormir, senti a região do tronco doer de novo. Uma dor mais muscular, dessas de quando a gente bate a coxa na quina da mesa (eu vivo batendo as coxas nas quinas). Olhei no espelho e estava cheia de hematomas. Acho que a massagem do Felipe foi um pouco pesada. Menos mal, porque é uma dorzinha suportável, gostosa até. Vou comprar, urgentemente, uma cadeira nova. A minha está péssima. Ou posso ganhar de aniversário. Atenção, família: não se esqueçam de verificar a minha lista de presentes.

✳ ✳ ✳

Outro sinal de que você está envelhecendo, ou melhor, amadurecendo: seu filho de 12 anos tem mais compromissos do que você para o fim de semana. No sábado levantamos às 7h30. Fiz café, arrumei a cozinha e coloquei as roupas de cama para lavar enquanto o Felipe foi levar o Daniel para uma prova de olimpíada de informática na USP. Ele havia passado na primeira etapa. Na sexta-feira, disse que não queria fazer a segunda. Motivo: estava cansado (???). Usamos a negociação recorrente: "Não tem que querer. Você assumiu o compromisso, precisa cumprir. Eles voltaram perto da hora do almoço. Almoçamos e foi a minha vez de levá-lo à casa de um amigo, para fazer trabalho de escola. De lá, seguiria com o colega para uma festa de aniversário e nós o buscaríamos às 21h30, no shopping. E nós teríamos uma tarde inteira e parte da noite sem obrigações de pais.

Planejamos algumas horas românticas, com o apartamento só para nós (a Paula está viajando). Com a casa cheia e filho para cuidar, momentos como esses são raros. Empolgada, comprei uma torta de morango, uma fogazza de tomate seco e um Tylenol 750 (itens para matar a fome – que vem mesmo nas tardes românticas – e para aliviar alguma possível recaída da enxaqueca). Caminhava tudo certo. Até eu ir ao banheiro e ver que o papel higiênico estava no fim. Lembrei que o feijão tinha acabado, o detergente, o sabão em pó, o requeijão... Guardamos a torta e a fogazza e fomos ao supermercado. Levamos a tarde toda fazendo compras. E a tarde romântica ficou para outro dia, outro raro dia sem filho em casa e sem compromisso.

✳ ✳ ✳

Passamos o Dia das Mães em São Paulo. Pela primeira vez, não fomos para Três Pontas. Estou muito cansada. As dores nas costas estão me atormentando. O Felipe e o Daniel fizeram o almoço: macarrão à bolonhesa. Eu fiquei deitada lendo. Um Dia das Mães como eu queria e precisava: tranquilo.

❈ ❈ ❈

Fiz o ultrassom morfológico, para avaliar a minha barriga mínima. Estava ansiosa, nervosa, tensa. Com medo do resultado, com medo até de escrever. Não consigo me convencer de que o bebê está perfeitamente bem dentro da minha barriga pequena. Mas o médico discordou. Conforme constatou no exame, o bebê é perfeito e está ótimo. Sou alta e vou ter que me contentar com uma barriga pequena. Nada daqueles lindos barrigões de gravidona.

❈ ❈ ❈

Aconteceu tanta coisa nesta última semana que não consegui sentar e escrever direito. Aliás, escrever eu escrevo muito, porque é meu trabalho. Escrever no blog é o que quero dizer. Tanta coisa para contar... Mas, para não fazer um post-testamento, vou falar do principal acontecimento: sábado fiz aniversário. 32 anos! Adoro fazer aniversário, receber parabéns, abraços, atenção, carinho. Não me sinto mais velha (pelo menos, nunca senti assim), me sinto feliz, orgulhosa por completar mais um ano. É como se fosse uma vitória. "Viram só, cheguei até aqui!!!", é o que tenho vontade de dizer. A vida é tão frágil que permanecer nela, um dia depois do outro, é um mérito por si só. Todos os anos, fico na expectativa do dia 15 de maio. Acordo com a sensação real de que aquele é o MEU DIA. Dessa vez, foi um pouco diferente, porque na noite anterior foi a festa de 80 anos da vó Norma, em Três Pontas. Como não podia deixar de ser, inventei mil homenagens. Fiz um teatrinho, desses que a gente faz quando é criança, nos almoços de domingo, e obriga as pessoas a assistirem. A diferença foi que os atores do teatro não eram os netos pequenos. Todos os meus tios, tias e minha mãe participaram, com direito a falas, personagens e cenário. Não sei se os convidados entenderam muito bem a encenação (aquele bando de marmanjos fazendo teatrinho). Não importa. Fizemos também um CD. Minha avó canta maravilhosamente bem e, ano passado, aos 79, entrou na aula de bateria, porque achou que era um bom momento para começar a aprender um instrumento. Cantou a vida inteira, em casamentos, festas, eventos, mas nunca gravou. Pedi para ela gravar quatro músicas no estúdio de um amigo do Felipe, falei que era para o festival e, depois, fizemos um CD, que demos para ela de presente e para todos os convidados. Essa programação cultural me tomou bastante tempo e só consegui pensar no meu aniversário no próprio sábado, dia 15.

Eu tinha pedido para minha mãe organizar um café, que aconteceu na casa da vó Norma. Aproveitei para incluir um item extra na minha lista de presentes: música. Pedi aos convidados músicos para tocarem para mim. Foi lindo e emocionante. O Felipe começou e ganhou novos admiradores, sobretudo da terceira idade, com sua agilidade nas interpretações de Chopin, Mozart e Bach. Em seguida foi a vez da minha tia-avó Lenice, meu tio-bisavô Euclides, minha avó Norma, meu primo Keller... Foi um aniversário lindo. Cresci sentada aos pés do piano, ouvindo a tia Lenice tocar e minha avó cantar. Reviver um pouco daqueles momentos foi um presente que superou todas as minhas expectativas. Um aniversário perfeito, que pude passar tranquila, do jeito que gosto, sem me preocupar em me aprontar. Passei de tênis, calça de malha preta e blusa de malha Hering, no aconchego do som do piano e dos abraços queridos.

Ah, ia me esquecendo de contar: consegui ganhar todos os itens da minha lista. Inclusive o não presente: ganhei um par de meias de bebê que, como eu esperava, não coube em mim.

* * *

Na passagem de ano-novo, tem gente que faz lista de pedidos, objetivos, metas, sonhos. Eu deixo para fazer essa mesma lista no meu aniversário, que é quando o ano começa para mim. Uma coisa mais exclusiva, certo? Comecei a fazer esse, digamos, ritual ao completar 18 anos. Estava no terceiro ano, ia prestar vestibular e tinha muitas expectativas. Tornou-se um hábito e refaço a lista todos os anos. Antes de escrever a nova, leio a do ano anterior. Marco os itens realizados, os não realizados e os que deixei de lado. Qual o pré-requisito para um item entrar na lista? Nenhum. Coloco de tudo, sem distinção. O que vale é o meu sentimento sincero e honesto sobre o que quero da vida. Inclui desde "Comprar uma casa" até "Saber ouvir mais", "Ler um livro por semana", "Ser mais paciente" ou "Fazer uma capa nova para o sofá". O bom é que, até hoje, consegui realizar mais de 50% dos pedidos. Ainda bem, porque, senão, seria MUITO desanimador.

Estou preparando a minha listinha para meu próximo ano. Conferindo a anterior, vi que, pela primeira vez, alguns itens antigos saíram:

- Parar de espremer cabelo encravado na perna (mesmo quando não há nada encravado).
- Comprar um terreno. (Foi parcelado, mas não importa. Não havia regras específicas sobre realizações à vista ou a prazo.)

Outros itens que pareciam impossíveis também saíram:
- Organizar um festival internacional de música na minha cidade no meio de um pasto.
- Brigar menos com o Felipe por coisas bobas.

Por outro lado, há os itens que estão desde o início e vão continuar por um bom tempo, eu acho:
- Praticar atividade física regularmente.
- Ser mais organizada.
- Não comer tanto doce.
- Não me achar a dona da razão nem o centro do universo.
- Diminuir o café.

Há outros que, tenho certeza, nunca deixarão de constar. São o que preciso melhorar constantemente, aprimorar, independentemente de todo o restante:
- Ser uma boa mãe.
- Ser uma boa esposa.
- Ser uma boa filha.
- Ser uma boa pessoa.
- Ser menos egoísta.

- Ser mais compreensiva.
- Ser mais tranquila.

Por mais que eu tenha conseguido melhorar em alguns dos itens dessa última parte da lista, ainda tenho muito a trabalhar e terei até o fim da vida, porque sempre, sempre há algo que pode ser aperfeiçoado dentro da gente e na nossa relação com os outros e com o mundo. Neste meu novo ano vou reforçar esses itens, porque serão dois filhos e a responsabilidade em me tornar um ser humano melhor será dobrada.

p.s.: Engraçado, parece que os itens que envolvem os verbos ter/conquistar/conseguir e demais variáveis são os mais fáceis de eliminar. Os que começam com o verbo ser ficam ali, sem querer sair.

❋ ❋ ❋

Preciso me adaptar ao fato de ter 32 anos. Demoro algumas semanas para assimilar a informação e erro na hora de responder à pergunta: "Quantos anos você tem?" Também, a gente passa um ano inteiro se acostumando a responder uma idade e, daí, da noite para o dia, você tem que mudar os números. Como eu disse, não ligo de ficar mais velha, mas me sinto muitíssimo bem quando alguém me "dá" menos do que tenho. Ontem, na volta de Três Pontas para São Paulo, paramos em um posto para abastecer e eu e o Daniel fomos à loja de conveniência.

Eu: Moça, cobra para mim, por favor, 50 reais de gasolina na bomba dois.

Daniel: Me dá um chocolate?

Eu: Não.

Daniel: Só um. Olha, deste aqui, novo, que tem paçoquinha dentro.

Eu: Tá bom, vai. Moça, inclui o chocolate também?

Daniel: Obrigado, mãe!

(...)

Quieta até então, a moça do caixa parou de cobrar o cartão de crédito e disse:

Moça: Ele é seu filho?!?!?!?!

Eu: É, sim.

Moça: Com essa sua cara de 15 anos, eu achei que ele fosse seu irmão!

Voltamos para o carro e eu não perdi a oportunidade.

Eu (ou melhor, a cidadã com cara de 15 anos): Conta, Daniel, para o pai, quem tem cara de 15 anos!

* * *

Estou começando a discordar do Krishnamurti. Não dos ensinamentos, mas dos meios para se chegar a eles. Bem que podia ter sugerido outro exercício para aprender a vivenciar o presente. Estou ficando exausta de lavar a louça. Seria menos cansativo algo como: "ficar deitada olhando para o teto" ou "apreciar a beleza do horizonte", ou "dormir"...

* * *

Achei que era doidice minha. Mas, a cada dia, aumenta a certeza de que não é maluquice, é fato. Sabem quando você está dirigindo e tem um motorista lerdo (ou lerda, na maioria das vezes, apesar de eu pertencer a esse grupo de motoristas do sexo feminino) e você tem vontade de descer do carro e dar uma sacudida nele? Acorde, meu filho! Então, nos últimos dois meses, coincidência ou não, toda vez que passo por isso, o carro da frente é um Honda Fit verde-claro (ou musgo, ou abacate, ou indefinido) acinzentado-metálico. E, na imensa maioria das vezes, o motorista é mulher. Não sei se a cor e o modelo do carro têm influência no tipo de pessoa que decide comprá-lo. Deve ter, igual há pessoas que compram pantufas de pelúcia cor-de-rosa e outras não. Uma calça de vinil e outras não. Um barco à vela, um celular amarelo, um desentupidor de pia com haste removível. Um blush com protetor solar para o dia a dia. Pode ser uma infeliz coincidência. Por via das dúvidas, a partir de agora, sempre que eu avistar um Honda Fit verde-acinzentado metálico, vou tentar mudar de faixa ou, se possível, até de rua. Hoje, o sinal quase fechou de novo até a motorista do Honda Fit verde-acinzentado metálico perceber que estava aberto e arrancar. Paciência, muita paciência... Vai ver ela também está grávida e com os reflexos em marcha lenta.

***

Quando a gente faz muito uma coisa, acaba criando alguns vícios e, não poucas vezes, se esquece do básico – e erra. Fui boa aluna todos os anos da escola, principalmente em matemática e português. Mesmo assim, passei o ensino médio escrevendo esperança com x (experança) e ainda preciso me concentrar antes de escrever a palavra. Tem dia que escrevo cada absurdo... Estava escrevendo um texto de um livro sobre um personagem de São Paulo quando me deparei com o número 12. Fiquei tentada a colocar em numeral, mas a regra de revisão da editora é clara: números abaixo de vinte devem ser escritos por extenso. Só sei que a palavra sumiu da minha cabeça. Digitei com s, com z, e, para piorar, o corretor ortográfico do Word aceitou as duas versões, porque existe a palavra dose (ou doze?), para bebida. Para acabar com a dúvida, chamei o Felipe e perguntei:

— 12 é com z ou com s?

Ele ficou me olhando, com aquela cara de "Não acredito que você está me perguntando isso!?".

— Então, é com z ou com s? Estou com pressa...

— É com z, claro... — respondeu, com um ar de "Eu sou o máximo... mas, tudo bem, você está grávida..."

Porque ele me acha meio avoada para algumas coisas e garante que piorei com a gravidez. Ganhou dois argumentos a seu favor: a minha pergunta sobre a grafia de 12 e eu ter colocado a tampa errada na panela de pressão que, realmente, não tinha nada a ver com o modelo que usei e quase causou um desastre na cozinha.

※ ※ ※

Em homenagem ao Felipe, fiz uma lista de DOZE razões para não contrariar a esposa grávida:
* Ela é sua esposa e você jurou amá-la na saúde e na doença, na alegria e na tristeza, na riqueza e na pobreza, em estado normal e na gravidez (sim, eu incluí o último tópico).
* Ela está GRÁVIDA, e grávidas precisam de cuidados especiais.

- Ela está gerando uma vida.
- Essa vida é o SEU filho.
- Grávidas ficam emocionalmente instáveis.
- Grávidas são seres iluminados e radiantes.
- Grávidas que são contrariadas têm filhos com caras esquisitas (cara de rejeição, cara de desejos não atendidos, cara de cara ruim, cara de jaca ou cara de pastel de mandioca com queijo fresco e mel tailandês).
- Grávidas fazem coisas pelas quais não podem ser responsabilizadas.
- Grávidas precisam ser atendidas em todas as suas vontades e caprichos, caso contrário o bebê pode nascer virado do avesso.
- O marido que contraria a esposa grávida ou a atormenta corre sério risco de ser condenado ao pior dos purgatórios (próprio para maridos descumpridores dos seus deveres).
- É obrigação do marido fazer a grávida feliz, sempre.
- O marido que ignorar as razões acima será alvo de castigo longo, lento e cruel.

❋ ❋ ❋

Fui almoçar na casa do meu primo T. Ele é jornalista, como eu. Compartilhamos os mesmos gostos literários, muitas opiniões, e ele tem sido como um mestre para mim, embora eu tenha certeza de que ele desaprove esse status. Me dá livros, dicas, conselhos, tanto na vida quanto nos trabalhos, e ainda me chama para participar de alguns projetos muito legais. Assim como a maioria das pessoas com as quais convivo aqui em São Paulo, ele é mais velho do que eu. Não alguns anos. Algumas décadas.

Antes do almoço, trabalhamos no texto de um livro que estamos escrevendo e, depois, conversamos. Finalmente ele está interessado pela minha gravidez e à vontade com o assunto. No dia em que dei a notícia, propositalmente por telefone, o única coisa que ouvi foi um longo vácuo na linha. Pensei que a ligação tivesse caído. Passados alguns minutos de silêncio, a reprovação: "que aquilo era uma tremenda falta de juízo, um absurdo, onde eu e o Felipe estávamos com a cabeça, como íamos colocar mais uma criança no mundo e tal..." Escutei quieta, sabia que ia passar e também sabia que a braveza toda era por medo. Medo por eu ter um bebê neste momento e atrapalhar ou atrasar várias coisas na minha vida, como o meu romance, os textos, as expectativas que, sei, ele tem de mim.

Engraçado foi que a reação de choque: "Não acredito que você está grávida... Como assim?... Como vai fazer?" não veio só da parte dele, mas de muita gente com a qual nem convivo tanto. Como se Maria x Gravidez fossem incompatíveis. Talvez por causa das minhas mil invenções de moda, dos trabalhos, dos eventos... Talvez isso tenha afastado da minha imagem, segundo a visão dos outros, a possibilidade tão corriqueira e normal que é ter um filho. Eu JÁ tenho um filho. Por qual razão não poderia ter outro?

E eu não apenas trabalho, não só escrevo, tenho a minha família. Cuido da casa, rezo à noite com meu filho, passeio com meu marido (mesmo menos que o desejado), pago contas, recla-

Mãe de dois 107

mo, dou chiliques, durmo. E, agora, estou grávida. É isso, vou ter um bebê, as pessoas pensem que combina comigo ou não.

* * *

Voltando ontem da reunião-almoço, eu estava quase chegando em casa quando resolvi desviar três quarteirões e ir ao Pão de Açúcar. Lá tem um biscoito italiano amanteigado com cobertura de chocolate que eu adoro e raramente compro. Hoje tive uma vontade quase incontrolável, então decidi, consciente, me dar esse luxo. A desculpa é totalmente verdadeira: atualmente sou DUAS pessoas. Comprei dois pacotes do biscoito, mais um de uma variação simplificada e um pacote de cookies, além de um bolo de rolo, quatro pães de pizza, um leite, um Toddy e uma bandeja de bacalhau, na promoção. Vou fazer no domingo. Estou aceitando bem entrar no ritmo de alimentação saudável... Mas não sou de ferro e tenho certeza absoluta de que um exagerinho de vez em quando não faz mal. Ou faz?

* * *

Depois de muito tempo de paz, dei um piti nível adolescente (possível influência do excesso de biscoitos de chocolate e que me fez regredir na minha lista de sonhos e planos e reincluir o item "Não brigar com o Felipe por coisas bobas"). O Felipe ia à casa de um amigo, onde esteve ontem, com o Daniel. Peguei o telefone para conferir se ele havia ligado para o amigo mesmo, igual fiz algumas vezes quando tinha 16 anos e nada com o que me preocupar a não ser se a medida da minha coxa podia ficar igual à da Ana Paula Arósio. Ele não gostou muito, com razão, da minha atitude "Eu sou adulta mas ainda não descobri". Desistiu de ir à casa do amigo e foi dormir. Ainda estou na dúvida se vou para a minha cama ou se durmo no quarto do Daniel. Peguei dois biscoitos restantes da minha compra impulsiva. Talvez me ajudem a pensar melhor ou a acabar de me empanturrar de culpa e arrependimento.

❋ ❋ ❋

Tirei parte da tarde para pagar contas. Eram milhares, dessas complicadas ou vencidas que só podem ser pagas na boca do caixa. Levei um livro na bolsa, preparada para horas de espera. Quando fui tirar a senha de atendimento, quase entrei em êxtase. Estava pronta para apertar a tecla "Atendimento geral" quando me lembrei: Estou grávida!!! Me sentindo a pessoa mais poderosa do mundo, teclei em "Atendimento prioritário". Não sem antes verificar se o meu cartão de pré-natal estava comigo. Melhor prevenir, caso alguém da longa fila das pessoas comuns achasse ruim. A minha barriga singela ainda precisa de um empurrãozinho oficial documentado para ser reconhecida. Acabou que só a mocinha do caixa do segundo banco teve dúvida: "Senhora, aqui é atendimento para idosos." E eu: "Mas eu estou grávida." E ela: "Ah, claro, desculpe..." Quando dei por mim, em menos de meia hora havia terminado tudo! Adeus, longas filas! Pelo menos pelos próximos meses. Para comemorar, comprei um picolé de morango com leite na padaria!

❋ ❋ ❋

Mandei um e-mail para a minha lista de contatos avisando sobre o blog. É bom poder contar com o apoio moral dos amigos! Na correria me esqueci de excluir alguns e-mails profissionais que não deviam ter recebido a mensagem. Só vi a tremenda bobagem que havia feito quando o produtor da cantora Mallu Magalhães me escreveu para acertarmos os detalhes da participação dela no festival e, antes, perguntou como estava indo a gravidez, que acompanhava o blog, blá-blá-blá... Ainda bem que era por e-mail, porque fiquei vermelha cor de caqui maduro esturricando ao sol, de tamanha vergonha. Não foi nada profissional, porque eles não têm patavina a ver com o fato de eu estar grávida ou não. A gafe, no entanto, deu bons resultados. Agora, todos conversam comigo com mais cautela (ainda bem, porque produtor costuma ser um tipo de profissional meio difícil de lidar). Os próprios artistas estão levando em conta a minha situação. Outro dia o Bituca esteve aqui em São Paulo e nos encontramos. Eu disse para ele:

– Você vai ter que ser muito bonzinho comigo este ano.
– Mais?
– É, mais. Sei que ano passado você fez tudo o que eu pedi, mas este ano vai ter até que adivinhar os meus pensamentos...
(Silêncio total... e olhos arregalados para o meu lado.)
– Você sabe, eu estou grávida e estarei de oito meses e meio na época do festival, então, não posso ser contrariada!
– Socorro – ele se limitou a comentar.

**

Nunca fui beberrona. Tive meus porres, mas não foram tantos assim. Detesto cerveja, embora tenha escrito matérias para um guia sobre a bebida. Fiquei craque em ponto de tosta do malte, tipo de fermentação de trigo, cevada. Gosto de vinho. Adoro caipirinha. De pinga, por favor. No meu universo só existia caipirinha de pinga e limão, até vir morar em São Paulo. Depois de muitas cabeçadas, aprendi que, aqui, é preciso explicar se é de pinga, vodca ou saquê, limão, morango, kiwi ou sabe-se lá mais o quê. Agora, quando vou a Minas Gerais e peço uma caipirinha, às vezes esqueço e explico: de pinga e limão. O garçom fica me olhando com a expressão: "Não é possível, não diga, é mesmo?" Pedia, né, porque, ao descobrir a gravidez, abri mão das minhas modestas investidas alcoólicas. Minto. Tomei três ou quatro – tudo bem, umas seis – tacinhas de vinho nesses cinco meses, mas rasas e em ocasiões especiais. Portanto, é quase total abstinência, o que não é um problema para mim. Ainda bem, porque a solidariedade da família ou dos amigos com a minha condição é zero.

 Esse sábado eu, o Felipe e um amigo fomos assistir ao show do Johnny Winter, guitarrista de rock e blues norte-americano que tocou no Woodstock. Eu estava cansada, mas por causa de um casaco de veludo verde que ganhei de aniversário e queria estrear, tive uma dose (dose com s, acertei!) extra de motivação. Antes de o show começar, fizemos os pedidos: uma tábua de frios, um balde com latinhas de cerveja e dois guaranás zero, que tratei de economizar enquanto ouvia o blues e sentia um misto de alegria, por levar meu bebê para ouvir uma lenda da guitarra, e culpa, pelo som exageradamente alto. Tomei a primeira lata. Lá pelo meio do show, no intervalo de uma música para outra, ouvi o seguinte diálogo do meu marido e do nosso amigo:

— Minha cerveja está esquisita, meio doce.
— A minha também. Estranho, será que é um lote estragado?

Sentado sob um simpático chapéu preto, Johnny Winter voltou a tocar e fui pegar a minha segunda lata de refrigerante. Procurei no balde de gelo. Olhei com mais atenção, mexi, revirei. Então, pensei na conversa sobre a doçura da cerveja e vi, entre os copos dos dois, a minha latinha de guaraná, quase vazia. Solidariedade zero com a gestante da mesa. Além de não poder tomar uma caipirinha para ajudar a entrar no ritmo, fiquei sem ter o que beber até o fim.

❊ ❊ ❊

Depois de muita peleja, acho (bom, ainda é um "acho", mas quase certo) que consegui alguma coisa. Não é fácil acordar, tomar café da manhã, organizar a casa, escolher uma roupa apropriada (no caso, uma bata de musselina preta com bolinhas brancas), levar o filho à escola, encher o peito de coragem e a cara de simpatia – e de um pouco de óleo de peroba – para pedir dinheiro a desconhecidos durante uma reunião apressada na hora do almoço. Entre uma garfada de feijoada, com alho além da medida, e um gole de suco de tangerina, você começa com o constrangedor e inevitável:

— Muito prazer, meu nome é Maria Dolores, será que a sua empresa pode dar alguns milhares de reais para o meu projeto?

Sim, realmente estar grávida tem me ajudado nessas reuniões. Hoje, por exemplo, tive a preferência na escolha do prato e da mesa, com direito a todas as gentilezas devidas a uma gestante. Mas carregar um filho no ventre não faz a menor diferença quando o assunto atinge o bolso. Não adianta ser por uma boa causa. Nem adianta muito a empresa saber que o investimento pode ser recuperado não só em ganho de marca, mas em retorno financeiro. Quando o assunto é desembolsar verba, não há barriga de grávida (mesmo as maiores que a minha) capaz de arrancar um centavo, a não ser à custa de muita conversa, paciência, negociação e uma boa reza.

※ ※ ※

Acabei de chegar da reunião de pais na escola do Daniel. Foram duas longas horas da minha tarde para conversar com os professores – um de cada vez – e saber como vai meu filho nas matérias. Ele costuma ir bem, então minha conversa com cada professor dura alguns segundos. O tempo maior é para esperar a minha vez na fila, enquanto as outras mães (e alguns pais) usufruem da sua vez. Tentei resistir à curiosidade, mas não consegui. Não tinha nada para fazer e me esqueci de levar um livro, então, quando percebi, estava reparando nas conversas das mães com os professores – ou entre elas mesmas e entre elas e eu, quando surgia a oportunidade. Existem vários tipos de mães dos alunos do 7º ano – e, acredito, de todos os outros anos. No entanto, dá para encaixar quase todas em alguma das seguintes categorias:

Supermãe: Não acha. Tem CERTEZA de que seu filho é perfeito (e os pais também, lógico) e vai à reunião com o principal objetivo de ouvir elogios dos professores ao seu príncipe superdotado. Ela pode até não ouvir só elogios, mas os não elogios são deletados automaticamente do seu orgulho de mãe incrível.

Mãe prosa: Gosta de uma boa conversa. Aproveita a reunião para um aprofundado bate-papo com os professores: conta as aventuras do filho, como ele é em casa, o que ela faz em relação à educação dele ou, ainda, fala sobre ela mesma.

Mãe CDF: Anota tudo o que o professor fala. Escarafuncha os detalhes sobre os métodos pedagógicos (embora tenham sido passados no início do ano), questiona, sugere, pergunta.

Para-sempre-mamãe (para mim, o pior tipo): Acha que o filho é um bebê e que nunca conseguirá sobreviver sem ela. Faz os trabalhos e as lições de casa com ele (ou ela mesma, se for uma maquete muito complicada), toma as dores nas brigas bobas dele com os colegas e não perde a oportunidade de brigar com os professores, com os pais ou mesmo com os próprios alunos de igual para igual (o que mostra o nível de amadurecimento da para-sempre-mamãe).

Mãe tranquila: É o tipo mais equilibrado de mãe, segundo as minhas observações de "Mãe que não tem o que fazer enquanto espera a sua vez na reunião de pais". Tem consciência dos pontos fortes e fracos do filho, sabe o que professor vai dizer e, portanto, não estica muito a conversa. Tem autoconfiança e segurança suficientes para aceitar feliz um elogio e ouvir com atenção uma crítica. Acompanha o andamento do filho na escola, sem interferir além da sua esfera de mãe.

Obs. 1: Obviamente eu acho que me encaixo no tipo "Mãe tranquila". Mas a nossa visão sobre nós mesmos é sempre um pouco distorcida.

* * *

Estou EXAUSTA. O Felipe ia tocar hoje à noite em uma cidade próxima a Três Pontas e eu ia ficar em São Paulo com o Daniel e a Paula. Só que, ontem, amanheci irritavelmente gripada. Acontecimento estranho, porque eu nunca gripo. Para completar, o Daniel está com dor de garganta. Entrei em pânico. Não queria passar sexta, sábado e domingo tendo que cuidar de mim, da gravidez, do meu filho, da casa, de tudo, sozinha e doente. Poderia contar com a ajuda da Paula só no domingo, porque ela trabalha sábado. Sinceramente? Preferi fazer as malas e vir para o aconchego da casa da minha mãe, com mil pessoas disponíveis.

O único porém foi que me esqueci de um detalhe: tem um desvio na rodovia Fernão Dias, desde fevereiro, e está um inferno passar por lá. A viagem que era para durar quatro horas durou oito. Cheguei frouxa. Faltam cinco para meia-noite e preciso descansar. Daqui a pouco será dia 29 e meu prazo está no fim. Tenho até dia 31 para definir o nome do bebê... Estabeleci esse prazo meio ridículo e sem propósito, mas pretendo cumpri-lo. Quem sabe uma noite bem dormida me ajude a decidir...

※ ※ ※

Almocei na casa da minha avó Norma, com toda a família reunida, inclusive meu tio-bisavô, que tratou de escolher o nome do meu filho – e anunciar para todo mundo: Anderson. "Porque termina com som, e som é música", foi a explicação desse tio, que é um dos personagens mais queridos e incríveis da minha "família um tanto quanto peculiar". Ele mora em um apartamento de 40 metros quadrados, acompanhado por dois pianos de cauda, dois pianos-armário e uma coleção de dezenas de álbuns de fotografias separados por temas: Divas do Rádio, Astros de Hollywood, Gêmeos, Noivas... Neste último, tenho duas participações: com uma foto do meu próprio casamento e outra, tirada numas férias na fazenda, quando ele levou um vestido de noiva e fotografou todas as mulheres presentes a bordo do figurino. Eu estava com 9 anos, mas era alta o suficiente para caber no modelito. Então, lá estou eu no álbum, com a melhor cara do mundo, sentada no chão com a roda da saia do vestido aberta como um chapéu de sol.

Nada contra meu tio-bisavô nem contra Anderson. Só não é o nome que quero para o meu menino. E antes que eu comece a receber presentinhos com Anderson escrito ou outros nomes, preciso realmente cumprir o prazo autoestabelecido e tomar uma decisão. Tomarmos. Como eu mencionei, preciso incluir o Felipe e o Daniel nessa escolha, mesmo que seja apenas na teoria. Portanto, listei alguns pontos para me ajudar:

1) Gosto de Rodrigo, mas Rodrigo são meu pai, meu avô, bisavô, tataravô... Gosto de João, que é meu tio, e de Pedro, meu primo. Adoro Felipe, mas não quero meu filho virando Júnior. Por isso mesmo, estou pensando seriamente em uma maneira de esganar a minha sogra por ter tido essa ideia primeiro e colocado o nome no meu marido. Eu o amaria do mesmo jeito se chamasse Um Dois Três de Oliveira Quatro.

2) Também gosto de Antônio, que é o avô do Felipe e do meu bisavô materno (nesse caso, a diferença de idade é bem grande e acho que não teria tanto problema repetir). Gosto de Francisco, mas não gosto de Chico.

3) Não quero nomes terminados em "el", para não rimar com Daniel. Com isso excluo uma gama enorme de nomes lindos. Mas "el" com "el" me dão a impressão de dupla sertaneja.

4) Acho lindos Eduardo e Bernardo. Mas não quero nomes com a letra R antes de consoante, para evitar variações de pronúncia. (Se houver aí alguém do sul de Minas, vai entender o porquê.)

5) Pretendo seguir a orientação da minha prima Luísa cabeleireira: "Nada de nome exótico. Um nome assim só combina se a pessoa for linda (fisicamente, porque a questão aqui não é beleza interior). Aí, sim, fica chique. Se o indivíduo nascer desprovido de beleza, um nome estranho só piora a situação."

6) Nunca pensei nesse nome, mas outra noite sonhei com Caio e, por menos supersticiosa que eu seja, não sou do tipo de ser humano que simplesmente descarta um sonho.

7) Quero um nome simples. E não composto, como o meu. Quero um nome brasileiro. Um nome fácil, limpo. Tranquilo. Um nome que meu filho possa transformar à sua maneira, um nome ao qual possa emprestar a sua personalidade, a sua história. Um nome livre, uma tela em branco num quadro firme, para ele pintar como quiser.

※ ※ ※

O prazo chegou ao fim. E a decisão acabou sendo meio fora do planejado. Nada do meu controle total e absoluto, conforme eu esperava. Estava sentada na sala descansando as costas depois da viagem de volta para São Paulo quando o Felipe telefonou para o avô dele, para dar os parabéns pelo aniversário. Então, num rompante de ataque de ternura, ele disse pelo telefone:

– O bebê vai se chamar Antônio, vô. É um presente de aniversário...

Antônio estava entre os nossos nomes preferidos, mas a decisão seria MINHA. Lá se foram meus planos de "mãe que decide o nome do filho". Apesar de ter perdido a chance de dar a palavra final, fiquei emocionada e orgulhosa. Na minha região, Antônio é nome de gente da roça, gente que trabalha de sol a sol, levanta cedo, ara a terra, planta, colhe. É um nome forte, e desejo, do fundo do coração, que meu filho seja feliz com ele.

Seja bem-vindo, Antônio.

* * *

Cheguei do jornal agora há pouco. Tinha reunião de pauta. Fui preparada para levar um bolo. Geralmente as reuniões não acontecem. As pessoas remarcam em cima da hora e perco boas horas do meu tempo no trânsito, indo e vindo para nada. Faz parte do trabalho e aprendi a não me incomodar. Hoje, no entanto, a reunião aconteceu. Ao terminarmos, me disseram para descer ao andar de baixo e conversar com a chefe:

– Oi, Maria, tudo bem? Como vai o bebê?
– Vai bem, obrigada. E com você, tudo bem?
– Tudo, obrigada. Desde que eu assumi a área (há uns três meses) estou fazendo uma série de modificações e reduzindo custos. Por isso, uma das coisas que vamos mudar é passar a fazer o jornal aqui dentro, porque ao longo dos anos terceirizamos tudo e atualmente gastamos muito dinheiro para fazer fora o que pode ser feito por aqui.

Até aí estou careca de saber e, inclusive, havia sugerido para a outra chefe que fizesse o mesmo. Isso significaria que perderia esse meu frila fixo, mas tenho um senso descontrolado de retidão para algumas coisas e, quando ela me pediu para reavaliar todo o processo e fazer sugestões, sugeri essa mudança. Além do mais, nunca tive planos de ficar para sempre com esse frila e, se passassem a realizar tudo internamente, haveria tempo para eu me preparar e focar em outros trabalhos.

Continuando:

— Então, por isso eu quero agradecer a você por ter ficado com a gente durante esse tempo todo e dizer que este será o último jornal que você fará pra gente. Ainda mais porque, agora, acredito que você vá precisar de mais tempo para cuidar da gravidez e do bebê.

— Está certo.

— Então, obrigada. Espero poder contar com você para frilas, no futuro.

— Tudo bem.

— Tchau.

— Tchau.

Não estiquei a conversa, só respondi e pronto. Não entrei em pânico, nem fiquei desesperada nem me deu vontade de chorar na hora. Eu sabia que isso aconteceria em algum momento, quando alguém simplesmente fizesse as contas e visse que não valia a pena gastar tanto dinheiro com vários fornecedores para fazer um jornal pequeno, que pode ser feito pela própria equipe de criação da empresa.

Mas fui pega de surpresa. Estava contando com esse trabalho até agosto. A partir de agosto minha amiga iria me substituir. Porque eu jamais chegaria e diria: "Só vou ficar com vocês no jornal deste mês. Um beijo e obrigada." Nunca deixaria o contratante na mão.

Entendi perfeitamente tudo o que ela falou, sei que tem razão. Só não entendi a frase: "Ainda mais porque, agora, acredito que você vá precisar de mais tempo para cuidar da gravidez e do bebê." Ou seja, "Agora que está grávida, um beijo e pé na bunda, você que se vire para arranjar em outro lugar o que ganhava aqui."

O que eu esperaria de qualquer pessoa com um mínimo de senso de consideração e de ética seria o seguinte: depois de dizer a primeira parte – que está totalmente correta –, completar com algo do tipo: "Para nós o ideal seria você fazer só mais este jornal. Mas queria ver com você se você precisa de mais um tempo, ou se precisa de alguma outra coisa, ou se tem alguma questão, sugestão, porque (ÓBVIO) você está GRÁVIDA de quase seis meses e não existe a mínima possibilidade de arrumar outro frila fixo estando a poucos meses de parir."

Não ouvi nem meia frase semelhante e fiquei pasma. Sei como é instável a vida de freelancer. Faço várias coisas para sobreviver e nunca me acomodo ao ponto de contar com uma só opção. Entretanto, não dá para ter dois frilas fixos, porque é inviável e um dos dois fica prejudicado. Então, quando, há três anos, peguei esse serviço, deixei de pegar frilas fixos. Apenas uma matéria para uma revista aqui, para outra ali, pesquisa para livros, textos etc. Recusei uma série de outros projetos dando prioridade ao jornal. Porque era um trabalho ótimo para mim, financeiramente e em relação ao tempo de dedicação. Sei que consigo outro e também sei que não vou ficar sem trabalho. E ainda tem o festival, que acontece em paralelo.

Mas como vou oferecer a minha mão de obra para um projeto a longo prazo sabendo que vou ganhar bebê daqui a três meses e meio? Escondo a barriga (que não é tão grande) e sumo nos dias do parto? O que digo? "Ah, desculpe meu sumiço, é que pari." Será que nem passou pela cabeça dela que estava contando com esse dinheiro para os próximos dois meses? E, além dessa singela e humana questão de consideração, será que ela se esqueceu de que tenho um contrato? Nem deve saber. E será que não passa pela cabeça dela que, apesar de dar nota fiscal e receber como pessoa jurídica, tenho vínculos suficientes com a empresa para acionar a Justiça trabalhista? Não sei o que passou na cabeça dela. Não entendi. Nunca pensei em buscar o caminho legal, porque não quero problemas com a empresa e sou consciente do trabalho que me propus a fazer e em quais condições. Combinado é combinado. Além disso, fiz muito mais do que o previsto em contrato, sem cobrar nada extra, porque queria fazer um bom trabalho. Sempre tive CONSIDERAÇÃO. E agora? Qual o nível de consideração comigo? Se eu não estivesse grávida, não teria motivo para achar ruim. A não ser pelo "Este será o último jornal que você fará pra gente", que é menos do que o prazo para aviso prévio previsto no contrato. Mas seria só acertar essa questão. Agora, por favor, e a minha situação atual?

Vou superar isso, embora esteja abalada agora. Não pensei, em nenhum momento, em desanimar, sofrer, morrer... Arrumo o que fazer, tenho outras portas abertas, tenho o festival, que me ocupa muito do fim de julho até o fim de setembro e que é um trabalho remunerado, embora até hoje só tenha dado prejuízo – ou "investimento", como dizem os que entendem do negócio (e não entendem o que é não ter caixa para investir).

De qualquer forma, vai ser difícil. Não sou uma força de trabalho plena. Sou uma gestante e logo terei um bebê em casa que requer cuidado e dedicação. E o que era para tocar as pessoas parece não fazer nem cosquinha nos sentimentos alheios quando o assunto, como venho constatando a cada dia, atinge o bolso. Mesmo assim, nesse caso, acho que foi longe demais.

O que eu vou fazer? Ainda não sei.

* * *

Uma das meninas com as quais trabalho diretamente no jornal, porque nunca é com a chefe, me telefonou. Está preocupada comigo. Queria saber se estou bem e se preciso de alguma coisa. Comecei a chorar. Pelo problema do trabalho em si, mas também por saber que elas se preocupam comigo. Me emociono com esse tipo de coisa, quando vejo que alguém, realmente, se importa comigo. É como se sentir querida, protegida. Desliguei o telefone e continuei a chorar. Chorei por uma hora e meia.

* * *

Estou melhor agora. Entre o choro e o fim da tarde deu tempo de me acalmar e do rosto desinchar antes do Daniel chegar em casa. Não quero que ele me veja assim. Conversei bastante com o Felipe e fiquei mais tranquila. O colapso já passou. Agora é pensar daqui para a frente. A sorte é que meu dia é tão cheio de acontecimentos que não dá para ficar remoendo um único assunto. Agora mesmo, minha madrinha me telefonou para me dar uma bronca daquelas. Por enquanto, foi uma bronca só, porque ainda não falei com meu pai. Os dois moram em Belo Horizonte e são o que eu chamo de "Medical Center particular 24 horas". Sempre que preciso, telefono para um ou para o outro, para consultar (com o benefício de aceitarem chamadas a cobrar). Sei quanto isso não é recomendável. "Procure um especialista, não se automedique." Mas quando se tem médicos na família a consulta por telefone acaba virando um paliativo recorrente. "Pai, o Daniel está com dor de garganta e tem três pontos de pus na amígdala direita. Está com febre de 38 graus, mas sem tosse nem coriza." (Com a vida toda ao lado de médicos e dentistas, a gente aprende, pelo menos, a olhar uma garganta.) Outras vezes o telefone não resolve. Como na noite em que o Daniel apareceu cheio de manchas no rosto. Preciso apelar para a webcam. Mesmo assim, acharam mais prudente levá-lo ao pronto-socorro infantil aqui perto de casa. Depois de muitos exames para leucemia, que me deixaram apavorada, eram apenas queimaduras de limão.

As consultas "Medical Center particular 24 horas", entretanto, têm também suas desvantagens: acompanhamento médico ferrenho, você queira ou não. Foi assim que ganhei a bronca por ter viajado gripada para Três Pontas, no final de semana. Minha madrinha: "Você está parecendo uma grávida de 18 anos, irresponsável, mas você não tem mais 18 anos." Ouvi quieta e prometi ser mais cuidadosa, refletir sobre o assunto.

* * *

Não param de chegar e-mails de pessoas querendo participar do festival ou de produtores querendo incluir seus artistas na programação ou, ainda, de amigos sugerindo opções que viram outro dia e gostaram. É ótima essa procura, fico toda feliz, inchada, porque é sinal de que o projeto está com uma boa repercussão. Mas aí tem a preguiça de ler todos os e-mails e responder.

Minhas costas ainda estão doloridas e não aguento ficar muito tempo sentada. Falta de vergonha na cara: ganhei dos meus tios a cadeira nova que pedi de aniversário e até hoje não comprei. Enquanto não tomo jeito e não compro a cadeira, escrevo um pouco, levanto, deito, ando. Agora, por exemplo, acabei de deitar. Arrumei meu ninho todo confortável no quarto do Daniel, que é o mais quentinho do apartamento (está um frio danado em São Paulo). Pus uma almofada grande para encostar, dois travesseiros para ajudar, uma almofada e um edredom para cobrir minhas pernas (quase não dá para me achar no meio de tudo isso). Preciso terminar um texto sobre o Moulin Rouge, para uma revista de História, que adoro. Tenho tudo apurado e pesquisado, agora é só escrever, escrever, escrever. Vou ficar aqui por uma hora. Depois, descansar ou dormir, se eu conseguir. O bebê está quietinho. Ontem chutou muito. Acho que é o frio.

* * *

Sobre o assunto "Não precisamos mais do seu trabalho, você precisa cuidar da gravidez e do bebê", ainda não fiz nada. Reli o contrato e amanhã vou preparar um e-mail explicando o que precisa ser feito para cumpri-lo, já que não olharam isso antes. Não contei para ninguém, a não ser para o Felipe. Não vou contar para a minha família, pelo menos por enquanto. Não quero deixá-los preocupados (ou talvez não queira reconhecer que fui dispensada dessa maneira). Não vão nem perceber, por causa do festival e do nascimento do bebê. Até lá, eu dou um jeito. Qual jeito? Sou uma futura mãe de dois, completamente desempregada e desnorteada.

Desde que ficamos sem empregada, todas as quartas-feiras – quando o Daniel passa o dia todo na escola – eu e o Felipe almoçamos em um restaurante chinês perto de casa. O cardápio é sempre igual, a toalha das mesas é de plástico e não tenho a menor vontade de conhecer a cozinha, porque algo me diz que não vou gostar. Mas a comida é uma delícia. Tem um macarrão frito que eu amo, e bananas carameladas. Hoje repeti a sobremesa duas vezes. Tenho adorado as quartas-feiras. Mesmo assim, ainda prefiro a opção B: encontrar logo uma empregada.

Conversei com uma amiga para pedir conselhos sobre o que fazer em relação à chefe e à maneira como fui comunicada sobre o fim do meu trabalho para o jornal. Ela entende tudo sobre os processos internos da empresa – e tem um ótimo bom-senso. Também conversei mais com o Felipe, que, além de meu marido, é advogado, para saber legalmente se eu estava amparada. Deixei passar alguns dias, para me acalmar – se tem algo que estou aprendendo é a não escrever e-mails na hora da raiva, da empolgação ou do instinto. Esperar o sentimento e as ideias amadurecerem é menos desastroso. Hoje, então, escrevi o e-mail, seguindo os conselhos da minha amiga, a quem eu chamo de "Minha Anja da Guarda", e do Felipe. Eu não quero brigar. Só quero trabalhar até o fim de julho, conforme eu havia planejado, e receber por isso. Mandei um e-mail super-hipereducado, medindo as palavras para não parecer malvada. Mostrando que, sim, sou boazinha. Não sou boba. Queria, em primeiro lugar, que fosse cumprido o contrato e, em segundo, apesar de não estar no contrato, que minha gravidez fosse levada em consideração (pelo fato de eu ter feito milhões de coisas além da minha obrigação por consideração às necessidades do jornal) e que eu pudesse trabalhar conforme havia planejado, até o fim de julho, para receber até agosto. Assim, tinha certeza de que atenderia às necessidades de ambas as partes e ficaríamos acertadas.

A resposta veio em dez minutos, concordando com a proposta. Talvez a consideração que eu esperava, e que não se manifestou na conversa-comunicado, tenha chegado atrasada. Talvez tenham atentado para o fato de que, realmente, é melhor assim porque, se quisesse, eu poderia acionar a Justiça. Não importa. O que importa é: consegui o que precisava. Em agosto e setembro estarei ocupada com o festival, depois com o bebê e, logo que puder, volto aos meus frilas e seja o que Deus quiser.

**

Fiz uma lista (adoro listas) de novos possíveis e desejáveis trabalhos:
- Receber um prêmio para terminar o meu romance.

- Ganhar uma bolsa para trabalhar em algum país charmoso da Europa. Obs.: A bolsa precisa incluir transporte e moradia para a família: Felipe, Daniel e o bebê.
- Revisar livros (fiz isso em duas ocasiões e gostei bastante).
- Escrever roteiros para programas de televisão ou cinema.
- Ser contratada por um patrocinador para fazer o festival, em vez de correr desesperada atrás de um patrocinador (e, pela primeira vez, ganhar dinheiro, ao invés de perder o que eu tenho e o que eu não tenho).
- Ganhar na loteria ou descobrir uma herança de um tio quinto avô e, com o dinheiro, montar um café-livraria.
- Ser contratada para passar um ano administrando uma pousada em uma ilha grega, com apenas quatro quartos, para não ser trabalhoso demais.

✳ ✳ ✳

Saímos de São Paulo às 6h30 para não pegar trânsito. Depois de quatro meses de jornadas infernais para chegar a Três Pontas, finalmente fizemos uma viagem tranquila. Transformaram um trecho da Fernão Dias em mão dupla e acabaram com o desvio desumano. Próximo ao meio do caminho, na altura de Pouso Alegre, o Daniel contou de um sonho que havia tido na noite anterior. Então, eu disse:

— Quando o sonho é muito bom e eu acordo, se eu voltar a dormir rápido, consigo retomar o sonho.

Os dois quase morreram de rir. "Quer dizer que você sonha igual em novela, por capítulos?", criticou o Felipe. "É", eu disse. "O que posso fazer se tenho essa habilidade?" Eles não acreditaram em mim e passaram o restante da viagem curtindo com a minha cara.

※ ※ ※

Chegamos a Três Pontas a tempo de almoçar feijoada na casa da minha sogra. Eu tinha vários planos para o dia, entre eles:
1) Não fazer nada.
2) Assistir a um filme de suspense.
3) Ver os tapetes de serragem no chão nas ruas para a procissão de Corpus Christi.
4) Não fazer nada de novo.

Estávamos terminando o almoço quando o telefone tocou. O Seu Zino, pai do Bituca, havia acabado de morrer. Estava havia alguns dias internado no hospital, ruinzinho. Mesmo quando parece inevitável, a gente estranha a morte. O velório está acontecendo na Câmara Municipal de Três Pontas, porque ele foi vereador e um personagem fabuloso da cidade: inventor, professor, fundador de escolas, da rádio, responsável pela sonorização das procissões, como a de hoje, a que não consegui assistir. Eu o entrevistei diversas vezes para o meu livro e passei muitas tardes me divertindo e me emocionando com aquele homem que havia criado quatro filhos por igual, três adotivos e um biológico, em um tempo em que filhos de criação eram mais agregados do que parentes. Um pai branco de um filho negro pelo qual ele brigou até que o aceitassem na melhor classe do colégio. Um pai que rompeu fronteiras por seus filhos. Um pai como, acredito, deveriam ser os pais.

Fui incumbida de escrever um texto para o jornal local, contando a história do querido Seu Zino. Organizei também um número musical para o velório, com um dos grupos do Felipe. Cantaram duas músicas do Bituca. Depois, o cortejo saiu da Câmara Municipal e seguiu para o cemitério, passando pela praça da Travessia, onde fica a casa dele. A família pediu para a banda marcial da cidade acompanhar o cortejo, a partir da praça. E fui encarregada de orientar a banda em como proceder. Mandei aguardarem o cortejo. Assim que chegasse, poderiam começar a tocar. "Tocar o quê?", perguntou o regente. Não haviam recebido orientação sobre o repertório e não sabiam o que fazer. "Quais ensaiadas vocês têm que não sejam tristes?", perguntei. "O hino da cidade e algumas músicas de parada cívica", respondeu o regente. "Pode ser." Foi emocionante, uma homenagem muito bonita, apesar do susto que as pessoas levaram quando os trombones, tubas, trompetes e tambores começaram a tocar animadamente músicas que pareciam de carnaval. Melhor assim. A perda de uma pessoa querida é triste o suficiente, não precisa de uma trilha sonora fúnebre.

❋ ❋ ❋

Me perguntaram como será o quarto do bebê. Respondi: "Não sei." Estou me conformando com a ideia de colocar o berço ao lado da nossa cama, no início. O apartamento é pequeno. São três quartos, né? Um nosso, outro do Daniel e um terceiro, que transformamos em escritório. Poderia me desfazer do escritório não fosse um porém: trabalho grande parte do tempo em casa. O que será ótimo, quando o Antônio nascer, mas me impede de acomodar ali todo o equipamento necessário para a chegada de um bebê. No quarto com o Daniel não acho uma boa ideia. Ele faz 13 anos em agosto e está entrando na adolescência, um universo muito distante de um recém-nascido. Procuramos outros apartamentos, mas estou achando mais complicado e dispendioso fazer toda a mudança do que esperar o parto. Esperar as coisas se aquietarem e, no final do ano, procurar um lugar maior. O meu sonho mesmo é voltar para Minas. No entanto, sei que não será agora. A nossa vida ainda está muito presa a São Paulo.

Compramos um terreno em Três Pontas, e eu trouxe uma mala de azulejos velhos de uma viagem de trabalho a Lisboa, para enfeitar a parede da casa que ainda não temos, mas vamos construir (passei 15 dias comendo pastéis de Belém para economizar dinheiro e poder comprar os azulejos). Quero também uma parede de ladrilhos e um vitral. Quero um fogão a lenha, um pé de jabuticaba e um escorregador que sai da janela do segundo andar e cai direto numa piscina. Quero um estúdio para o Felipe, um quarto de folia para os meninos e um escritório para mim, num ponto bem alto, para eu ver o cafezal de um lado e parte da cidade do outro. Quero uma banheira de louça, porque não me dou bem com as de hidromassagem, e quero um cano para descer do segundo para o primeiro andar, igual ao corpo de bombeiros. Quero uma casa que se pareça com um sobrado por fora, e que seja moderna e arejada por dentro. Quero janelas grandes, portas enormes e paredes grossas, para eu me sentir protegida. Quero a mesa sempre posta, um limoeiro e um pé de marolo.

Meu primo T. diz que é coisa demais para o tamanho do terreno. Mas garanti que meu padrinho João é um superarquiteto e pode fazer isso e muito mais. Como dá para ver, não quero só uma casa, quero um sonho de tijolos. É difícil. Não impossível. Vou começar erguendo o muro e plantando as árvores, levando meus filhos para correr por lá, sentir o chão, a terra. Depois vou aos poucos colocando um tijolo sobre outro, entre um sonho e outro.

※ ※ ※

Depois de fazer mil coisas desde que cheguei a Três Pontas, para passar o feriado, hoje à tarde, consegui finalmente deitar um pouco na casa da minha mãe, sob o edredom, para, simplesmente, assistir à TV. Estava começando a curtir o meu ócio quando o interfone tocou. Eram a irmã caçula da minha mãe, por parte de pai, e o marido dela, que é ginecologista e obstetra. A visita, apesar do meu cansaço, foi divertida e aproveitei para fazer uma consulta rápida:

— Acho que estou tendo umas contrações.
— Será que não é o bebê se mexendo?
— Não, a barriga fica dura de repente e dói.

O normal, explicou, é não doer. Deitei para ele me examinar. Apertou daqui, dali e tive uma dessas contrações enquanto isso. No momento, ele concluiu que não há com o que me preocupar. Dá para esperar a consulta de pré-natal semana que vem. Se aumentarem a dor, a intensidade e a frequência, aí, sim, devo procurar o médico logo. No exame, ele ainda aproveitou para ver se o Antônio está encaixado:

— Não está não – disse.
— No último ultrassom estava sentado – confirmei.

— Provavelmente ainda está.

Nem me alterei com essa informação. Estou pronta para aceitar uma cesariana, se for o caso. Na minha primeira gravidez, eu queria porque queria ter parto normal. No sétimo mês o Daniel ainda estava sentado e não dava sinais de querer mudar de posição. Eu faria o possível para ajudá-lo a virar e, então, resolvi seguir a orientação da minha mãe, que não é uma pessoa muito convencional quanto a conselhos. Quando o Brasil ganhou a Copa de 1994, ela precisava fazer um cartaz para a prefeitura e o cartaz devia conter uma pessoa, devidamente emocionada, segurando a bandeira nacional. Fui a modelo da foto e, como meus dotes teatrais limitados me impediram de chorar, ela achou melhor espremer meio limão em cada um dos meus olhos. Além do mais, limão também era bom para deixar o branco do olho limpo e claro. Chorei tanto que a sessão fotográfica precisou ser adiada por algumas horas.

Não sei como me esqueci desse episódio quando, a respeito da questão do parto normal, ela me mandou tomar um vidro de 300 ml de óleo de rícino. O óleo agitaria minhas alças intestinais e talvez, só talvez, mas ainda assim uma remota possibilidade, esse movimento ajudasse o bebê a mexer. Foi a pior dor de barriga da minha vida, muito pior que a das contrações do trabalho de parto. Sem falar no fato de não ter sido nada agradável engolir aquela consistência densa e oleosa. Treze horas depois de uma cólica medonha e dezenas de idas ao banheiro, percebi que o Daniel continuava sentado, como um rei em seu trono, muito confortável, obrigado. Aceitei a cesariana depois disso e, hoje, estou ainda mais conformada. Espero que o Antônio vire. Se não virar, a obsessão pelo parto normal atualmente é menor, muito menor do que o pavor de repetir a experiência do óleo de rícino ou qualquer outra semelhante.

❖ ❖ ❖

Minha madrinha me mandou contar as contrações, para ver se estão aumentando. Ontem contei quatro: às 10h17, 14h22, 17h35 e 20h40. Hoje, nenhuma por enquanto. Estou ficando mais quieta, tentando, pelo menos até saber se isso é normal ou não. Tive uma primeira gravidez tranquilíssima, mas um parto e um pós-parto complicadíssimos. Então, fico meio receosa. Desta vez, estou confiante de que vai correr bem.

Apesar de tentar diminuir um pouco o ritmo, há coisas das quais não consigo me livrar. Obrigações de uma "mãe, dona de casa sem empregada, esposa, trabalhadora". Ontem eu e o Felipe saímos à noite para fazer compras no supermercado. Fiquei exausta e nem pensei duas vezes em passar meu imenso carrinho na frente de todo mundo no caixa de atendimento prioritário – não havia ninguém na fila que fosse prioritário.

Sobre esse tema, tenho outra história para contar, desconcertante de tão constrangedora, para mim, lógico.

Sou do tipo defensora dos direitos, meus e dos fracos. Antes de fazer jornalismo, cursei um ano de direito. Troquei de curso porque amava a aula, mas tinha pânico só de pensar em trabalhar com toda aquela burocracia. Fiquei impregnada do sentimento de justiça e sou cliente de carteirinha do Juizado Especial aqui perto de casa. Se não resolvo um problema na paz, não hesito em acionar a Justiça. Eu estudava em Belo Horizonte, quando o caso aconteceu. Ia para a faculdade de ônibus, com o Daniel no colo, pois o deixava na creche ao lado da escola. Achava um absurdo estudantes como eu ou qualquer outra pessoa sentarem nos lugares de idosos, gestantes, pessoas com crianças de colo (como eu) ou deficientes físicos.

Primeiro eu usava a técnica de olhar de cara feia para a "pessoa sem desconfiômetro". Se não dava certo, reclamava para o cobrador. Antes, tomava o cuidado de analisar bem o cidadão (ou cidadã), para ver se não estava esperando bebê ou se não tinha algum problema físico, mental ou qualquer coisa do gênero. Em uma dessas ocasiões, uma mulher estava sentada no lugar preferencial enquanto vários velhinhos se atracavam de pé. Olhei de cara feia, balancei a cabeça. Ela não se comoveu. Observei bem, não parecia haver nada de errado com ela. Então, avisei o cobrador:

— Aquela moça está sentada no lugar preferencial, e está cheio de idosos em pé.

Foi então que ela se levantou, enfurecida e completamente torta:

— Eu também tenho direito, tenho paralisia.

Eu, bom, o que podia fazer... Pedi desculpas, fiquei vermelha, roxa, azul, com vontade de chorar... Todo mundo do ônibus olhando pra mim com recriminação mortal. Desci no ponto seguinte, embora não fosse o meu. E passei a tomar mais cuidado antes de sair defendendo os fracos e oprimidos. O que não é o meu caso agora, porque a prioritária sou eu e não vou perder um milímetro sequer do meu direito até o fim da gestação.

***

Estou muito feliz! O Gilberto Gil confirmou o show no festival... Estava com medo do 1% de não chance contra os 99% de chance vencerem, e ele não poder participar...

※ ※ ※

Ontem tive que me controlar para não morrer de rir na frente do Daniel. Pela primeira vez, ele deu sinais de que a infância começa a ficar para trás. Tinha um passeio com a escola e acordou cedo para que eu o ajudasse com uma série de procedimentos imprescindíveis: secar o cabelo de lado, igual ao do ator de um seriado americano; esconder uma espinha; comprar um moletom de uniforme novo. Foi uma peleja só. Molhamos e secamos o cabelo três vezes e ainda assim não ficou do jeito que ele queria.

— Tem um alto aqui, ó, mãe! — dizia ele, inconformado pelo cabelo não ficar exatamente igual ao que havia imaginado.

Lembrei de mim e tive que esperar ele ir para a escola para poder rir muito, pensando em quantas vezes pedi para a minha mãe refazer a trança porque um gomo estava maior que o outro. Meu filho está crescendo, virando um rapazinho, quase um homem. E, enquanto essa fase de passagem tão importante está acontecendo para ele, vem outro bebê por aqui, mais um filho, mais anos e anos de cuidados, preocupações, expectativas e medos.

Sinto-me realizada ao olhar para o Daniel, ao ouvir o que os professores e os colegas, na escola, falam dele. Encho o peito de orgulho ao observar como ele se comporta em determinadas situações e percebo, tranquila, que ele é e parece ser o que eu desejei desde o primeiro momento e o que eu quero para o Antônio.

Quando me perguntam o que quero para o meu filho, a resposta é:

— Quero que ele seja uma pessoa boa.

"Só isso?", me perguntam também. "Sim, só isso." E não acho que seja pouco. Ter um coração bom não implica diretamente ter sucesso profissional, financeiro, pessoal, nem é garantia de felicidade para todo o sempre. Mas, pelo pouco que conheço da vida e pelas pessoas com as quais convivo, penso que vale a pena. Não para ir para o céu, essas coisas. Mas porque um coração bom permite uma vida mais tranquila, mais leve. Um coração bom facilita desenvolver um bom caráter, boa índole, boas ações. E, assim, atrai coisas boas também. Quem acredita nisso toma muito ferro, eu sei (as pessoas confundem boazinha com bobinha), mas conquista coisas maravilhosas na vida. Não sei quanto eu suportaria se um filho meu não fosse uma pessoa boa. Teria que conviver com a realidade, mas seria um pesar imenso, um sentimento irreparável de impotência.

Por isso, fico, sim, muito feliz ao ver que o Daniel não está só se tornando um homem, mas um bom homem. E farei o possível para que o Antônio siga o mesmo caminho. Cada um com as suas diferenças, mas com um bom coração.

* * *

Sábado é Dia dos Namorados e resolvi começar a me preparar hoje, quarta-feira, para uma noite romântica (dentro das minhas possibilidades gravídicas). Me conheço bem e se deixar para o dia, estarei tal qual uma bruxa quando deveria estar uma deusa do amor. Entre duas entrevistas por telefone (vantagens de trabalhar parte do tempo em casa), fui preparar a cera naqueles plásticos, para me depilar. Tentei fazer o mínimo de barulho ou movimento suspeito. Mas foi só ligar o micro-ondas e derreter além do necessário uma folha com cera para o Felipe vir xeretar (desvantagem gravíssima do marido também trabalhar parte do tempo em casa). Da última vez em que decidi me depilar sozinha, fiz uma bagunça enorme na sala, sujei o chão e não consegui limpar. Nervoso, o Felipe tirou o restante da sujeira, porque não se conformava em passar e ver um tiquinho assim de manchinha preta no chão.

Pois bem, imaginem qual foi a cara dele ao entrar na cozinha e me ver colocar as folhas com cera no micro-ondas.

— Pra quê isso?

— Está muito frio, não estou conseguindo espalhar a cera, vou dar só uma esquentadinha nela, para ficar mais fácil.

Ele me olhou com um ar incrédulo e, antes que falasse qualquer coisa, me defendi:

— Estou grávida, não se esqueça, mereço um crédito. Além disso, vai ficar tudo limpinho, não precisa se preocupar.

Fui pegar um iogurte na geladeira e esqueci de vigiar a cera. Plástico, meleca cerosa, prato do micro-ondas... Tudo virou uma coisa só. Corri para tentar limpar, jogar no lixo a maior parte, lavar o restante. Com muita luta, e mais alguns segundos, consegui derreter a bagunça e me livrar dela. Repeti o processo, sem tirar o olho do marcador de tempo. Consegui o ponto sem derreter nada além do necessário e, então, fui realizar o procedimento no banheiro, trancada, para evitar intromissões do meu marido (não sei se é muito atraente ver a mulher arrancando os pelos do corpo. Pode ser que essa imagem volte na cabeça dele quando não deveria...). Foi uma missão quase impossível. A barriga não está imensa, mas já está ficando difícil abaixar, enfiar uma bota apertada nos pés, amarrar o tênis e me depilar sozinha.

Perdi algumas folhas, porque grudei na roupa. Sujei o azulejo. Tive que jogar uma pinça fora ("inlavável"). E ainda ficaram faltando algumas áreas para uma depilação perfeita. Dei preferência para a parte da frente das pernas, que eu enxergo. Atrás, fiz o melhor possível (o que os olhos não veem o coração não sente). Falta fazer as unhas. Vou focar apenas nas mãos. Deixo os pés para o salão de beleza aqui perto de casa. Assim, espero estar linda – e viva – no sábado, para o meu Dia dos Namorados, dentro de um modelito tentador no qual eu consiga me enfiar.

***

Tenho passado os meus dias dividida entre os cuidados com a gravidez, a casa, o filho, o marido, os meus textos e as mil obrigações urgentes do festival, que se aproxima. Em cada umas dessas funções tenho identificado três grupos de pessoas e como elas se comportam profissionalmente:

1) Têm plena consciência das suas competências e limitações – grupo raro e o mais fácil para se trabalhar. As pessoas, aqui, não precisam ficar se autoafirmando para elas nem para os outros. Sabem dos seus talentos, das suas qualidades e também até onde elas vão, ou seja, o que não é do seu bedelho. É uma tranquilidade lidar com gente assim.

2) Subestimam a sua capacidade – ao lado do grupo 3, formam a base da pirâmide (se é que há uma pirâmide sobre o tema). Ou por timidez, ou por baixa autoestima, ou medo, ou N razões, acham que são menos capazes do que realmente são. Ou que são piores do que são. Muita gente boa faz parte desse grupo, profissionais que precisam de um empurrãozinho para acreditar mais em si mesmos e darem asas ao seu potencial. Pena que nem sempre isso acontece e acabam fazendo menos do que deveriam ou podiam, o que atrasa muito a vida. Não confundir com falsa modéstia. Os falsos modestos fazem parte do grupo abaixo.

3) Superestimam a sua capacidade – infelizmente, o maior volume da base da pirâmide dos "Tipos de pessoas quesito trabalho". Sobretudo na área de cultura, esse grupo parece proliferar. E há várias subdivisões, com destaque para os que falam muito mais do que fazem. Podem ser de duas classes – só falam e criam expectativas em vão nos que não os conhecem; falam e atrapalham, porque falam em seu nome e as outras partes acreditam, criando uma série de confusões. Destaque também para os que enfiam os pés pelas mãos e atrapalham a vida dos outros ao redor, porque não conseguem segurar o barco na hora do "vamos ver" e aí você tem que correr atrás do prejuízo.

* * *

Estou muito, muito feliz! Fechamos um patrocínio grande para o festival! É muito dinheiro, mas pouco para o que a gente precisa. De qualquer forma, é uma grande conquista. Estou me sentindo o máximo (e isso é um perigo). Agora, é bola pra frente, porque ainda precisamos conseguir muito mais.

* * *

— Alô.
— Bom-dia, por favor, eu gostaria de falar com a senhora Maria Alzita.
— É ela.
— Senhora Maria Alzita, meu nome é Fabiana, do Unibanco, e estou telefonando referente a um probleminha que "vamos precisar estar resolvendo" na sua conta.
— Não é possível. O que foi agora?
— E, bom, rsrsrsr, o seu cheque, rsrsr, especial... — (Não aguentei mais e comecei a rir).

Maria Alzita, a Zita, é a minha sogra. Ela é perfeita para cair em todo tipo de trote. Não lembro a primeira vez que fiz isso com ela, mas tem tempo, porque vivo encontrando novas maneiras de passar trote nela. E ela cai, sempre. A brincadeira foi uma forma que descobri de termos um bom relacionamento. Não foi de caso pensado, mas deu certo. Acho que ela pensou: ou me odeia ou me adora, e, felizmente, decidiu pela segunda opção (eu acredito, né). É difícil lidar com as sogras, principalmente quando é a mãe do marido. As mães das mulheres me parecem mais boazinhas. (Eu serei mãe de marido, mas, no meu caso, lógico, será diferente.)

Conheço a Zita desde sempre. Coisa normal de cidade pequena. E, por mais que o final da história tenha sido feliz, penso que não me encaixava no modelo de nora que ela queria para o seu primogênito. A Zita é uma mulher chique, bem-arrumada, muito bonita e de extremo bom gosto. Eu sou quase o oposto. Nunca liguei para roupas, formalidades, cerimônias e só depois que comecei a trabalhar sério é que decidi prestar um pouco mais de atenção na minha aparência. No meu casamento, por exemplo, eu me preocupei com tudo e fiz tudo como gostaria. Tive 68 padrinhos, porque queria a família INTEIRA entrando na matriz de Três Pontas; tive 13 damas de honra; escolhi entrar na igreja com meu pai e o Diego, marido da minha mãe, um de cada lado, ao som de "Luzes da ribalta". Só não me preocupei com o vestido. Tenho duas tias, irmãs do meu pai, com o mesmo corpo que o meu. Uma casou no verão e a outra no inverno. Como os vestidos eram delas, resolvi o seguinte: se estivesse frio, casaria com o de manga comprida, se estivesse calor, com o de manga curta. Foi a noite mais fria do ano, então, lá fui eu com o vestido número um, feliz da vida.

Sei que minha sogra deve ter achado isso um absurdo, intimamente, porque ela é educada o bastante para não me falar. Mas se acostumou. Sei também que tenho outras qualidades que ela admira. Então, uma coisa equilibra a outra, e a brincadeira resolve o restante. Hoje ela mesma me passa trote. Não consegue muito, mas, pelo menos, tenta.

O humor (humor leve, please. Favor não confundir com ironia. Nem todo mundo gosta de ironia. Eu não vejo graça nenhuma e acho até meio mal-educadas algumas ironias). Mas, voltando... O humor tem um poder enorme para quebrar gelo, inclusive com as sogras. A não ser quando a pessoa é tão recalcada que parece um iceberg inteiro.

Por mais que talvez tentemos evitar isso, a ajuda de uma sogra, tal qual a das nossas mães, é uma salvação para os primeiros cuidados com um bebê e para toda a vida, com os cuidados com os filhos (é mais que uma mão na roda, é um motor inteiro). Portanto, melhor estar de bem com elas... Quando dá.

P.S.: Estou começando a achar que minha sogra é a fada e eu sou a nora bruxa... Será?

* * *

Tenho procurado seguir a rotina, quando estou em casa, o que significa boa parte do tempo. Às 5 horas da tarde eu saio do computador e deito um pouco. Coloco um colchão fininho no chão da sala, o único a me ajudar com a dor nas costas. Paro de trabalhar por uma hora, se não tiver nada urgente. O horário da pausa não é aleatório. É quando passa um desses seriados de detetive nos quais me viciei nos últimos meses, desde quando tenho ficado mais quieta, por causa da gravidez. Há dias em que fico nervosa, porque sei tudo o que vai acontecer (o roteiro é igual, invariavelmente), mas sinto alguma coisa de gratificante em ver o bem vencer o mal, no fim do episódio. Antes, gostava muito de acompanhar as novelas, mas, no momento, ou melhor, desde *Chocolate com pimenta,* nenhuma delas me atrai.

Enquanto assisto ao gênio intelectual decifrar perfis de *serial killers,* fico prestando atenção na minha barriga que, agora, fica cada dia maior e já parece uma barriga de grávida. Modesta, mas gravidíssima. No dia em que completei 21 semanas, senti o bebê mexer pela primeira vez. Foi na semana em que estava neurótico-apavorada por não ter barriga ainda e passei horas e horas deitada, na espreita. De lá para cá, os chutes e acrobacias do meu bebê se intensificaram. Eu não tinha me esquecido de como era, mesmo minha outra gravidez tendo sido há 13 anos. Mas ter a mesma experiência outra vez foi – e está sendo – incrível. O Felipe e o Daniel me perguntaram como é: "Parecem gases, só que mais fortes." Foi a única resposta que encontrei e achei capaz de traduzir um pouco para eles a sensação. Eles, coitados, pertencentes ao universo masculino, jamais sentirão o que estou sentindo.

Hoje o Antônio chutou 22 vezes em uma hora. Pelo menos foi o que consegui contar (posso ter perdido a conta em algum momento crucial do seriado, quando o mocinho apareceu para pegar o bandido). É maravilhoso sentir meu filho mexer dentro de mim, uma alegria enorme. Sentir. Ver não me dá tanto prazer assim. Acho bastante esquisito visualizar meu ventre se movimentando igual areia movediça. Me vem na hora uma imagem de *Alien, o oitavo passageiro*, que me assustou noites e mais noites quando eu era criança. Mas logo desvio o pensamento, os olhos, e volto a sentir, só sentir e aproveitar ao máximo esse prazer imenso, insubstituível, único.

P.S.: Minha sogra leu o post anterior (não podia imaginar que ela fosse ler...)

* * *

Preciso urgente fazer um planejamento de trabalhos, estou com várias pendências.

* * *

Mãe de dois

Acabei de falar em Belo Horizonte, com meus avós, minha tia Celina e minha madrinha. Minha tia me disse que parte da família não está gostando do nome que escolhemos para o bebê, Antônio, e que ela tem se esforçado para mostrar que é um bom nome. Eu disse para ela não se preocupar. Imagina, melhor seria que as pessoas gostassem, que todo mundo gostasse. Se não gostam, o que eu posso fazer? Disseram até que escolhi esse nome como provocação. Nem respondi. Não tem sentido, né, escolher o nome de um filho para provocar os outros, escolher o nome que irá acompanhar a vida inteira uma pessoa pensando nos outros. Pode ser até que tenha quem faça isso, mas não é o meu caso. As sugestões para nomes foram muito bem-vindas, mas a escolha é nossa, pessoal, subjetiva. Porque, sério, quem tem que gostar ou não somos eu, o Felipe e, no futuro, o próprio Antônio. Até aqui, não baseei a minha vida pela opinião dos outros, ou para provocar algo nas pessoas. Não é no nome do meu filho que vou fazer isso.

Vou tomar um banho. Eu e o Felipe vamos sair daqui a pouco para o nosso Dia dos Namorados. O Daniel vai ficar em casa com a Paula. Ele passou a tarde na festa junina da escola, então, está de bom tamanho a programação pré-adolescente para o dia.

* * *

Recebi uma boa notícia na consulta de pré-natal hoje: as contrações estão dentro do aceitável. O colo do útero, segundo o diagnóstico do doutor, está fechado, alto e grosso. Fiquei pensando em como o médico consegue, com uma das mãos e uma luva, perceber essas coisas. Não me parece algo fácil de identificar, embora eles façam isso como quem toma um copo d'água, espirra, caminha, estala os dedos ou pratica qualquer outro item banal do dia a dia. O exame de toque, no qual medem o colo do útero, ainda é um dos melhores, porque nunca me sinto à vontade com o outro, aquele no qual colocam um negócio na gente que parece um macaco de levantar carro para trocar pneu.

Além do alívio de saber que as contrações são aceitáveis (se bem que não sei se posso me empolgar muito com esse termo "aceitáveis"), fiquei contente de ver que está tudo bem. Coração do bebê no ritmo certo; pressão e pulso regulares; movimentação fetal o.k. A única informação desagradável da consulta é que eu ganhei MUITO peso neste último mês. Ao ver a balança, eu disse, sinceramente espantada: "Não percebi que havia engordado tanto!" Três quilos e meio, segundo o marcador. Pensei em pedir para tirar a blusa de lã, para pesar outra vez e explicar que há dois dias meu intestino não funciona direito (de repente, a enfermeira podia considerar isso e subtrair alguns gramas na hora de anotar no meu cartão de pré-natal). Mas não ia fazer tanta diferença. Engordei mesmo, pronto, aceite a realidade, Maria. Nos primeiros quatro meses e meio foram 4,5 quilos, e, agora, esse absurdo. Talvez por ser alta, eu não tenha percebido (vantagem da estatura: a gordura se espalha. Desvantagem da estatura: a gente engorda e não se dá conta). E eu estava tão feliz saboreando tranquilamente meus rocamboles de doce de leite, panelas de brigadeiro, bolachas de chocolate e até uma lata inteira de leite condensado...

O médico me encaminhou para a nutricionista e marcou um retorno para daqui a duas semanas. Ai, ai, justo nesse frio vou ter que diminuir o açúcar. Estava me sentindo o máximo sem me preocupar com a questão, pensando que a gravidez havia transformado meu metabolismo em metabolismo biônico e, portanto, capaz de queimar tudo o que entrasse pela boca, sem compaixão. Não foi bem assim. Mas, tudo bem, vou me comportar muitíssimo para guardar a minha cota de açúcar para uma panela de canjica doce com canela e amendoim que PRECISO comer antes que acabem as festas juninas.

※ ※ ※

Não sou uma pessoa que liga para futebol, nem qualquer outro esporte. Acho uma pena isso, porque sinto até inveja de quem se empolga com uma partida, um campeonato. É um programa a mais para se divertir na vida. Mas tenho as minhas exceções: em época de Copa e Olimpíada eu simplesmente viro do avesso. Fico enlouquecida. Sou uma pessoa altamente influenciável nesse sentido, e bastou começar a Copa para eu me impregnar de espírito patriota. Pinto a cara e a alma de verde e amarelo, enfeito a casa, visto roupas nas cores da pátria e me emociono ao ouvir o Hino Nacional (que, aliás, tem uma harmonia linda. Ah, falando nisso, alguém sabe o Hino da Bandeira? Eu sei de cor! Resquícios da aula de Moral e Cívica no colégio... "Salve lindo pendão da esperança / Salve símbolo augusto da paz...").

Meu ritmo de entusiasmo é frenético (facilitado pelo fato de trabalhar com horários flexíveis). Se der, assisto a todos os jogos, mesmo se for "País onde Judas perdeu as botas" x "País do qual ninguém ouviu falar". Assisto a várias mesas-redondas de futebol e escolho meus comentaristas favoritos. Na Copa de 2006, não perdia um só dia da mesa-redonda da ESPN Brasil.

Até a gente perder o sinal do canal aqui em casa. Parou de passar a imagem, mas dava para ouvir o áudio. Assim, todas as noites, às 21 horas, lá estava eu diante da telinha, toda em preto-chiado, ouvindo atentamente as discussões sobre as partidas do dia (para total desconcerto do meu marido, que não podia acreditar no que estava acontecendo comigo).

Hoje tem o primeiro jogo do Brasil, e estou empolgadíssima. O Daniel foi à papelaria aqui do lado comprar pra gente um kit Copa do Mundo. Pedi tintas para eu pintar o meu rosto e a minha barriga. É meio barango, eu sei. Mas eu quero o meu bebê, Antônio, brasileiro com muito orgulho, todo verde e amarelo!

* * *

Estou cada dia mais orgulhosa da minha barriga de grávida, que tem crescido devagar e sempre. O Daniel adorou sentir o bebê mexer. Toda hora quer colocar a mão, o que está quase se tornando um problema para mim, porque está frio e a mão dele é enorme e gelada. Eu faço cara de quem está feliz, achando ótimo ele querer um contato com o irmão. No fundo, me contorço até a última vértebra, porque sou absurdamente friorenta. Já o Felipe não quer saber de colocar a mão na minha charmosa pança. Ele tem nervoso, aflição, acreditam? Tem medo. E, dessa vez, acho que é sincero (ao contrário do "medo de ultrassom").

* * *

A Dani, prima do Felipe, ligou hoje. Ela disse que tem um monte de brinquedinhos para o Antônio lá na casa da Teresa, mãe dela, irmã da Zita. A Dani foi a fada madrinha que já nos emprestou carrinho, bebê-conforto, cadeirão e berço, sem falar na sacola de roupinhas, paninhos, mantinhas e companhia. Agora, os brinquedos! Fico muito contente, porque isso elimina a tarefa de procurar essas coisas, o que me cansaria muitíssimo, e também tranquiliza o bolso, porque não preciso gastar. Há três meses o carrinho está num canto da sala, porque não tenho onde colocá-lo. O berço está desmontado no quartinho minúsculo de empregada, junto ao cadeirão e ao bebê conforto. O colchão está no quarto do Daniel, atrás da porta, e as roupinhas na parte de cima do meu armário. E não faço a menor ideia de onde vou guardar os brinquedos. Isso porque ainda vem coisa pela frente, sem falar no bebê, é claro. Ele, coitadinho, na verdade vai ocupar pouco espaço, mas a parafernália que vem anexa serve quase para montar uma casa inteira!

***

Hoje completo 25 semanas de gestação, com uma decisão tomada do fundo das minhas entranhas: NÃO VOU MAIS GANHAR PESO. Bom, ganhar eu vou – porque o bebê deve continuar a crescer bem crescidinho. Ganhar POUCO peso, quero dizer. Depois do susto da última consulta de pré-natal, acho que essa é uma das decisões mais acertadas e fundamentais da minha vida para os próximos meses. Desde segunda-feira cortei o doce. No meu repertório doce não é o mesmo que açúcar. Doce é doce (chocolate, doce de leite, pudim, goiabada, pé de moleque, etc., etc., etc.). Quanto ao açúcar, por enquanto eu fico com ele, já que até hoje não consegui me incluir no time sedutor das pessoas adeptas ao adoçante. Penso que, no meu caso, isso é um passo e tanto, do tamanho da humanidade, porque eu estava saboreando docinhos diariamente.

Além do jejum das guloseimas, quero me exercitar. Estava fazendo caminhadas no clube aqui de frente de casa todos os dias (ou quase todos) até ficar grávida e ser atacada pelas enxaquecas, que duraram até quase o quarto mês. Interrompi a atividade. Não conseguia me movimentar muito sem a sensação de que a cabeça explodiria. Depois, vieram as dores nas costas, as contrações e, agora, o frio, que, na minha situação particular, veio acompanhado de uma preguiça monumental. Cheguei a fazer uma aula experimental de pilates e agendei para fazer outra de ioga, mas os horários são ao fim do dia, quando está ainda mais frio. Por essa soma de fatores, estou tentada a comprar aquele aparelho vibratório que vi na televisão...

* * *

São 20h58 e estou morta. Terminei uma entrevista de quarenta minutos pelo telefone, para uma matéria. Ainda bem que há anos eu uso o headset, senão estaria com o pescoço trincado de tanto ficar torta, para segurar o telefone enquanto digito ao mesmo tempo que entrevisto o personagem da matéria.

* * *

Esta manhã tive um acesso de choro compulsivo. Acordei como em qualquer outro dia. Fui a primeira a levantar. Preparei o café da manhã (ainda não consegui contratar uma ajudante, estou quase ficando louca), arrumei a sala e coloquei roupa para lavar na máquina. Chamei o Felipe e o Daniel para o café, comi um pedaço de mamão formosa, uma mexerica, meio pão de sal com queijo e tomei um copo de leite com café. Lavei a louça, troquei de roupa, lavei o rosto, passei filtro solar e vim para o trabalho. Liguei o computador e a primeira notícia que vi foi sobre a morte do escritor José Saramago, que eu adoro. Li, vi as fotos e comecei a chorar. Chorei muito. Um choro sentido, farto, cheio.

O Felipe me consolou, trouxe um copo d'água, fez um carinho. Eu não era parente nem amiga do escritor português, Nobel de Literatura. Apenas uma fã das suas histórias, do seu texto primoroso. Quando ele veio ao Brasil, em 2008, para lançar *A viagem do elefante*, fiz uma manobra incrível para conseguir participar do lançamento. Como os convites acabaram assim que a bilheteria foi aberta, consegui ir como imprensa, cadastrada por um jornal de Belo Horizonte, para o qual nunca escrevi. Conheço a editora e pedi para ela me fazer esse enorme favor. A minha vida, naquele momento, dependia disso. Consegui. Assisti à palestra e fui uma das cem privilegiadas a ter uma dedicatória dele no livro. Pode parecer loucura eu ter tido todo aquele trabalho só para chegar perto de alguém que escreve livros. Se eu contasse a história do dia em que fui à Colômbia só para ir atrás de outro escritor, o Gabriel Garcia Márquez, estaria mais que explicado que eu também tenho a minha parte tiete bastante aflorada.

As minhas viagens literárias não vêm ao caso. O que vem é que, apesar de gostar do Saramago, eu não tinha motivos para o pranto alucinado. Deve ter sido um escape, um descarrego. Dizem que as grávidas ficam mais emotivas. Mas eu trabalho tanto e tenho tanto a fazer todo dia que não me sobra muito tempo para me emocionar, chorar, um choro profundo e tranquilo, desses que aliviam a tensão e lavam a alma. Desde que fiquei grávida, essa foi a segunda ou terceira vez que chorei (sem contar nos filmes de amor impossível ou de tragédias homéricas). Chorei – e me fez um bem enorme.

* * *

Estava escrevendo um texto sobre um vendedor de porta em porta quando tocou o interfone. Era a Jeane, que trabalhou aqui em casa até janeiro. Saiu porque ficou cansada. Isso mesmo, cansou de trabalhar e simplesmente parou de vir. Foi passar uma temporada em casa, enquanto o namorido dela, porteiro do meu prédio, esbravejava: "Ela tem que trabalhar, mas só quer ficar em casa", dizia, nervoso. Convidei a Jeane para tomar um cafezinho. Apesar de eu ter ficado muito brava com ela por ter saído de repente, sem me avisar antes, e ter me deixado na mão, gosto muito dela. É um amor de pessoa. Tem 24 anos, é da Bahia e, no fundo, é uma menina imatura, mas de confiança e que faz tudo direitinho na casa, apesar de não ter habilidades extraordinárias na cozinha. Para ser justa, ela tem habilidades culinárias, sim. Quando eu explico, faz certo. O problema é quando ela se empolga. Geralmente depois de um elogio do tipo "Parabéns, Jeane, a comida está deliciosa". Ah, pode saber, no dia seguinte o almoço vem com surpresinha. É que ela tem uma criatividade muito particular. Adora colocar ingredientes exóticos no feijão: chuchu, ervas e até um tomate inteiro numa ocasião. Prepara misturas pitorescas e, nos dias de maior entusiasmo, tempera o prato, seja qual for, com TODAS as ervas e condimentos existentes na cozinha, em tamanha quantidade que você fica sem saber se é feijão com louro ou louro temperado com feijão.

Achei que ela tinha vindo só me visitar, tomar o cafezinho para o qual eu havia convidado, mas ela veio pedir para voltar. Ficou sabendo que a empregada que passou por aqui havia saído (informações repassadas pelo namorido porteiro). Eu fiquei feliz e animada, mas expus minhas condições:

Até janeiro estaria proibida de ficar cansada de trabalhar.

Depois, se voltasse a ficar cansada, teria que me avisar, pelo menos, um mês antes da data do cansaço. Estarei com bebê pequeno e não poderei ser surpreendida outra vez.

Em julho, quando o Daniel entrar de férias e a gente for passar uma temporada em Três Pontas, ela virá só como diarista, fazendo faxinas semanais. Em agosto, ela volta de vez (não tem sentido ela voltar agora que não vai ter ninguém em casa).

Não se aceitam condições contrárias.

Ela riu quando eu enumerei as precondições, mas entendeu o recado e concordou. Falei brincando. Por via das dúvidas, vou perguntar para o Felipe se dá mesmo para incluir isso no contrato.

**

No post que escrevi sobre alguma solução milagrosa para não ganhar muito peso na gravidez, recebi vários comentários com dicas legais. E, em mais de um, a voz do bom-senso: relaxar. FAVOR não interpretar errado! Relaxar, O.K.? O que não quer dizer descontrolar na comilança, nem entregar os pontos e virar uma descuidada molambenta barriguda. Porque mesmo com quilos a mais do que o ideal, dá para ficar charmosa e linda. Uma grávida é um ser mágico, sagrado e belo (ao menos estou me agarrando a isso).

Estou tentando colocar em prática o conselho e... relaxar. A dificuldade, conforme eu esperava, é monstruosa. Quem convive comigo mas não me conhece na intimidade tem a falsa ideia de que sou supertranquila. Por um lado, sou, sim. Falo manso e cantado (o que não é nenhuma façanha, uma vez que eu sou mineira de sotaque carregado). Não me desespero facilmente e tenho aprendido a manter a calma. Ano passado vivi uma situação extrema de pressão. Talvez maior do que quando eu desconfiei da minha gravidez adolescente e tive que encontrar coragem para contar à minha mãe. A Rita Lee era uma das estrelas do festival e, três dias antes, com ingressos vendidos, ela teve um problema sério no braço e cancelou. Num primeiro momento, tive vontade de chorar. Depois, respirei fundo, chamei o Felipe, contei para ele e disse que só falaríamos para o restante da equipe e mais tarde para a imprensa, quando encontrássemos uma solução. Após duas horas e muitos telefonemas, consegui contratar o Lenine e o Lô Borges para tocarem no lugar. Desde então, toda vez que me aparece uma situação semelhante, eu uso esta técnica: respiro fundo, olho para a frente e procuro uma saída. Isso não vale para tudo, principalmente para as coisas do coração, mas ajuda a resolver as outras.

Apesar dessa aparente calma, sou extremamente inquieta. Durmo mal e quase morri de frustração por não ter tido aquele sono extra e saboroso que as mulheres sentem durante a gravidez. Meu sono continua pouco e leve. Acordo um milhão de vezes para ir ao banheiro fazer xixi e, se porventura no caminho do banheiro até a cama me lembrar de alguma pendência para o dia seguinte, pronto, fico horas pensando naquilo. Uma tremenda idiotice, porque não vou resolver nada de madrugada. E há outros complicadores em relação à temperatura. Como agora: estava frio, começou a esquentar. Em dias assim, quando vou deitar à noite, não consigo saber se estou com frio ou calor. O termômetro da minha pele só pode ser desregulado. Daí, se eu visto um pijama de calça e manga compridas, deixo um de short e manga curta no criado-mudo, ao lado. Chego a trocar umas três ou quatro vezes durante a noite. O Felipe tem certeza de que eu sou a pessoa mais neurótica e maluca que ele conhece. E a argumentação dele tem um fundo empírico razoável. Os Corrêas, braço da minha família materna, têm fama de loucos. São gerações e gerações de tantanzinhos, em diversos graus e variáveis, desde doidos de hospício, tipo minha bisavó e alguns tios, até doidos moderados, que vivem normalmente (quase normalmente). Diz o dito corrente em Três Pontas que Corrêa, ao contrário das pessoas normais, não endoida no final da vida. Corrêa piora. Será que eu estou correando?

Pode ser que sim, pode ser que não. Uma coisa é fato: tenho uma enorme dificuldade para relaxar. Estou sempre com um sentimento de que PRECISO fazer alguma coisa, cumprir uma obrigação. Diz o doutor psiquiatra que isso tem a ver com o tal sentimento de não merecimento. No meu caso, de achar que eu não mereço ficar à toa; de que não posso me dar ao luxo de, simplesmente, não fazer nada. É como um vício. E o pior é que passo isso para as pessoas à minha volta e fico furiosa com a facilidade que o Felipe tem para deitar e apagar, de dia ou de noite, sem qualquer dor na consciência.

※ ※ ※

O Felipe foi cedinho para Pindamonhangaba. O pai dele, que mora lá, sozinho, passou mal na quinta-feira e está internado na Santa Casa. Parece não ser nada grave (mês passado ele foi internado também, com pressão alta). Vai ficar em observação até segunda-feira para fazer um ultrassom abdominal. Mesmo que não seja um problema maior, significa alguma coisa, e qualquer pessoa é capaz de perceber isso, não precisa ser médico. Não é normal a pessoa passar mal, ir para o pronto-socorro e ser internada, todo mês. Ele tem hipertensão, fuma muito, não se alimenta bem (para falar a verdade, muito mal) e não faz nenhuma atividade física. Fico morrendo de pena do Felipe, sem saber muito o que fazer. A história dele com o pai é extensa e não cabe a mim contar. Mas o que posso dizer é que fico orgulhosa por ver ele se preocupando, como um bom filho, mesmo o pai tendo ido embora de casa quando ele era adolescente. O Felipe se preocupa, telefona, cuida. Não faz por obrigação, faz porque quer.

Ele deve voltar no fim do dia. Enquanto isso, vou ter que deixar a minha torre no décimo quarto andar, abandonar meu posto de princesa intocável para dar uma volta com o Daniel. Ele quer ver se encontra uma bola da Copa, jabu-sei-lá-o-quê, e depois vamos à feira de antiguidades. Adoro essa feirinha. Bom que a gente aproveita e almoça por lá.

Vamos, Rapunzel, está na hora de cortar as tranças e abandonar a torre!

***

O passeio, que nem foi tão demorado, me cansou fisica e profundamente. Foi bem legal, adorei sair com o Daniel. Ele está um companheirinho e tanto. Sempre foi meu grande companheiro, só que antes eu ficava pajeando ele. Agora, ele divide alguns programas e interesses comigo e até cuida de mim. Passamos primeiro na loja outlet da Adidas, para ver se lá tinha a tal bola, a réplica, porque a da Fifa custa uns 700 reais. Não tinha. Ele ficou frustrado, mas não tanto quanto eu esperava. Depois fomos à feirinha almoçar. Que belo almoço: pastel de queijo com caldo de cana com limão. De sobremesa, ele quis um pacotinho de beijo-quente. Eu comprei um pra mim também, mas o amendoim me deu tanta azia que desisti. Depois, quando achei que começaria a sessão tormento para ir embora, ele quis passear na feirinha comigo. Demos a volta na praça Benedito Calixto. Paramos nas bancas que chamavam a minha atenção ou a dele. Sem pressa, nem desespero. Tem tanta coisa interessante lá. Encontramos outro gramofone em perfeito estado, do mesmo Adilson enrolado que vendeu um para o Gilbertinho, cunhado do Bituca. Eu não tinha dinheiro. Só 3,5 reais que sobraram do almoço-lanche. Mesmo assim, o Daniel me pediu quinhentas coisas e ficou feliz em ganhar um button da bandeira do Brasil que custou 2 reais.

Subimos a Teodoro devagar, observando as banquinhas improvisadas no chão, as araras com roupas, xales, chapéus, discos de vinil, bonecos de Durepox um tanto quanto assustadores. Atravessamos a rua para ele ver se encontrava a corneta vuvuzela. Por sorte, não achou (é muito barulhenta). Passamos na locadora. Aluguei para mim *Abrazos rotos*, do Almodóvar, com a Penélope Cruz, e ele alugou dois outros filmes meio de comédia meio de criança. Ganhou, de brinde, uma bandeirinha do Brasil para colocar no carro. Saiu de lá extasiado, com sua paixão por brindes. Passamos ainda na perfumaria, para eu comprar uma hena-creme castanho-dourado. Não aguento mais passar hena. Por que eu fui ter cabelo branco tão cedo? Será que fica muito feio uma grávida grisalha?

***

Chegamos ao prédio e o Daniel ficou no térreo, para jogar bola. Tive um momento de pesar ao entrar em casa. Vou fazer um exame para diabetes gestacional na terça-feira e me mandaram comer hoje, sábado, um doce de sobremesa do almoço e outro à noite. Eu estava guardando, toda feliz, a minha cota de doce (já que estou de semidieta) para hoje e me esqueci. Revirei a geladeira e os armários. Não encontrei nada apetitoso. De doce, só um doce de leite velho e ruim que está há séculos na geladeira (se fosse bom, tinha acabado). Sem outra opção, desperdicei metade da minha cota do dia com esse doce que ninguém quis. O meu único consolo é que falta a outra metade da cota, à noite. Nem que eu tenha que sair de casa e andar de padaria em padaria (ou o Felipe, de preferência) vou encontrar uma guloseima melhor à noite.

***

Dei um chilique homérico com o Felipe. Cheguei a sugerir, esperneando entre lágrimas dramáticas, que ele fizesse as malas e fosse embora para todo o sempre. Por quê? Por ter bebido além da medida durante o jogo do Brasil. Da minha medida, que não posso beber nada... Acho que passei um pouco do limite. Mas quem não passa de vez em quando? É muito pedir que o marido tenha solidariedade total, completa, irrestrita e absoluta com você e sua gravidez? É muito querer que ele sinta tudo o que está sentindo (com exceção do cansaço, porque, senão, quem vai te paparicar)? É muito querer 110% de apoio, compreensão, carinho e um pouco de mágica vidente para ler os seus pensamentos? Eu acho que não.

* * *

Estou quase explodindo (pode ser que eu ainda exploda, até o fim da noite). Sabem quando a gente come além da conta e soma isso ao bebê, líquido amniótico e placenta (que ocupam espaço demasiado na barriga)? Estou assim neste exato momento. A impressão que tenho é que, se fizesse um furinho no meu abdome com um alfinete, eu sairia voando por aí até esvaziar, igual quando o gato bebe água no desenho animado e o rato o espeta como se fosse um balão. Amanhã devo estar às 6h30 no hospital para fazer o tal exame de diabetes gestacional.

Na tentativa de recuperar as cotas de doce que desperdicei durante o final de semana, exagerei um pouquinho. Só me lembrei desse assunto na hora das sobremesas e, aí, já não deu mais tempo de providenciar algo realmente gostoso. Foi então que hoje, último dos três dias nos quais eu deveria comer um doce após cada refeição, o Felipe telefonou perguntando se eu queria algo da rua. Não tive dúvidas: "Uma lata de leite condensado", pedi. Então, depois de tomar um prato de sopa (confesso: dois), fui para a cozinha e preparei uma panela de brigadeiro. Cortei duas bananas em rodelas e misturei com duas colheres monstruosas de brigadeiro. Tentei ser valente e comer tudo. Não consegui. Restaram duas rodelas da fruta com o doce no prato. Agora estou meio passando mal, meio explodindo, meio arrependida... E espero que nada disso influencie no exame de amanhã.

* * *

Quando me formei em jornalismo, tinha na mente o protótipo do jornalista supermegaprofissional, que chega, impõe respeito, bate de frente, escarafuncha podres poderes. Meu jeito me impediu de ser a jornalista que eu idealizei. Queria ser séria, intelectual, com cara de gente grande. Queria que, quando eu chegasse a um lugar ou fosse fazer um trabalho, as pessoas dissessem:
– Lá vem a competente ultraprofissional Maria Dolores!
O que geralmente dizem é:
– Lá vem a Maria, ela é tão espontânea e divertida!
No começo, de tanto ouvir isso, tentei ser menos espontânea, mais contida. Não é que eu conte piadas. Sou péssima contadora de piadas. Mas acho que sou boa contadora de histórias, "causos", pelo menos. E continuo falando do mesmo jeitinho de quando saí de Três Pontas, o que contribui para essa minha fama pitoresca. Com o tempo, desisti de ser quem eu não era. Meu primo T. me ajudou com isso. Me mostrou que eu não devia mudar. Que, sim, podia perder alguns trabalhos por ter essa per-

sonalidade, mas, no final, até ali eu tinha conseguido muito mais coisas sendo assim do que sendo assado. Graças a essa "espontaneidade que não bota medo em ninguém", consegui entrevistar o Chico Buarque no apartamento dele, por duas intermináveis horas, no dia do meu aniversário, justamente quando o Chico estava escrevendo o livro *Budapeste* e não recebia ninguém da imprensa. Ah, e com direito a ele mesmo ter aberto a porta para mim e ter passado um cafezinho (porque eu recusei a cerveja)! (O Felipe não gosta muito dessa história. Mas eu NÃO posso deixar de contar sempre que tenho oportunidade.)

* * *

O dia hoje foi intenso. Acordei às 5h45 da manhã, para fazer o exame de tolerância à glicose (para diagnosticar – ou não, espero – diabetes gestacional). Não estava tão frio quando saí de casa. Fui feliz pela rua, me lembrando de quando era pré-adolescente e saía cedinho para pegar o ônibus para ir de excursão com a escola ao Playcenter. Cheguei ao hospital confiante, pronta para o que desse e viesse. Não tenho medo de agulha. Podem me espetar quantas vezes for preciso, finjo que não é comigo (mesmo se pegar algum nervinho, porque não posso dar o braço a torcer). Depois de ver o pavor escancarado das outras pacientes, fui cheia de pose dar o braço à enfermeira, na sala do exame, mobiliada com poltronas azuis confortabilíssimas, mas altas. Tão altas que até as minhas pernas compridas ficaram balançando. Havia outras três grávidas, duas senhorinhas e um homem meio estranho, completamente fora do ambiente. Em dois minutos, lá estava eu com o negócio espetado no braço, livre, leve e solta (quase solta). Tinha certeza: eu era o máximo da coragem, inclusive mais corajosa que o cidadão masculino. Daí veio outra enfermeira com um copo de plástico aparentemente inofensivo:

– Quando terminar de beber, me avise – disse, sem me olhar.

"Que bobagem, quando terminar por quê?", pensei. Ao contrário das minhas companheiras hesitantes (e mais experientes, descobri depois), virei de um gole só. Em menos de cinco segundos lá se foi a bebida grossa, transparente e "doce indescritível de tão ruim" – e com ela, a minha dignidade. Foi um bate e volta. Meu estômago embrulhou, senti o negócio parado na garganta, comecei a suar frio. Passei os quarenta minutos seguintes respirando fundo e fazendo um tremendo trabalho psicológico, emocional e de autocontrole sobre as células do meu corpo para não vomitar. E um esforço intenso, paralelo, para não deixar ninguém perceber o meu estado trágico. Começava a melhorar quando a enfermeira me chamou de novo. Achei que era para beber outro copo e pensei seriamente em sair correndo, fugir para nunca mais voltar. Mas eu não ia fazer isso. Eu era a "supercorajosa que não tem medo de agulha".

Para meu alívio, ela só tirou sangue. Nada de uma segunda dose de glicose líquida concentrada. Nem me incomodei de ficar lá mais duas horas, sem ter o que fazer, cochilando na cadeira (e acho que uma hora de boca aberta). O exame fica pronto na semana que vem. Espero que não dê nada, porque eu não sei se vou ter capacidade suficiente para beber aquele troço de novo. Prefiro morrer (prefiro nada, lógico, mas a gente tem que fazer um drama na situação).

* * *

Estou cansada agora à noite. Faltam dois meses e dezoito dias para o festival e não tive um minuto de paz, desde que cheguei do exame. Passei o dia resolvendo coisas com patrocinadores (contratos e burocracia) e as produções dos artistas: Gil, Pablo Milanés, Milton Nascimento, Wagner Tiso. Eu tenho me perguntado por que inventamos de fazer esse festival ano passado e, pior, por que insistimos na loucura de repeti-lo. Até aqui só deu prejuízo, ocupou o meu tempo de maneira cruel, me fez perder trabalhos na minha área e me fez piorar o rendimento e a qualidade nos textos que escrevo. Por quê? Por eu ser idiota e burra. Fiz o primeiro festival porque queria muito fazer algo por Três Pontas, e porque gosto de cultura, de música. Para a cidade, os músicos e o público foi ótimo, em diversos aspectos, de culturais a financeiros. Muita gente ganhou um dinheirinho extra. Um dinheirão, para falar a verdade. Foram 4 milhões de reais extras em circulação na economia local. E eu e o Felipe ficamos com as dívidas do evento e com a nossa vida particular toda atrapalhada. Eu me prejudiquei profissionalmente como jornalista, perdendo trabalhos ou prazos, coisa que nunca havia feito, e tenho sérias dúvidas se algum dia vou conseguir retomar a credibilidade que eu tinha, porque até hoje não consegui colocar a vida no lugar e agora, com a gravidez, não vejo como conseguirei a curto prazo. Estou com raiva de mim, por continuar me metendo nisso. Me sinto realizada quando vejo tudo de bom que conseguimos proporcionar com o festival. É como se eu estivesse fazendo a minha parte para ajudar a melhorar o mundo. Mas, Maria, você não é salvadora da pátria, por favor, abaixe um pouco o seu ego e cuide da sua vida.

※ ※ ※

Acabei de recusar um trabalho. Não acredito que fiz isso. Não era um trabalho qualquer. Era para fazer uma edição especial de uma revista de cultura. Proposta impossível de ser recusada por razões simples: eu adoro o tema e me ofereceram um bom dinheiro (algo que, no jornalismo, é raro e que eu, na minha situação de "mãe de um, futura mãe de dois", não posso desprezar). Fiquei empolgada e orgulhosa de mim por terem me chamado. Ia tudo bem, até aparecer o detalhe:

– Qual o cronograma? – perguntei.

– Começamos em julho e o fechamento é no final de agosto – disse a redatora-chefe.

Fiz as contas. Tentei esticar o tempo. Mas não tenho (ainda) poder para isso. Gentil e contrariada, recusei. A data prevista para o parto do Antônio varia entre 23 e 30 de setembro. O Daniel nasceu antes de completar oito meses. Vai que esse bebê resolve adiantar também, ou que o fechamento do especial acabe atrasando (bem provável de acontecer).

Se o Antônio for apressadinho, pode ser até que eu esteja na sala de parto e alguém entre correndo com um celular na mão dizendo que o artista fulano de tal quer 12 toalhas brancas da marca 1 e não da marca 2 e que só sobe no palco se for atendido naquele instante. Realmente o fim de agosto não é o momento para eu pegar mais uma obrigação, mais um projeto. Ter um bebê já é um projeto e tanto.

Estou me preparando para aceitar o fato: o Antônio, que está quietinho na minha barriga, vai sair daqui a alguns meses. Não que eu não queira isso. Claro que quero. Mas também preciso admitir que ser mãe dá trabalho. Um trabalho prazeroso, nem por isso pouco intenso. Um trabalho para até o fim da vida. Pensando nisso, consegui enxergar três opções para quem quer continuar com a carreira profissional:

a) aceitar o fato de compartilhar a educação dos filhos com uma babá ou alguém da família que possa ajudar – e lidar da melhor maneira possível com isso;

b) deixar a vida profissional de lado por um tempo e se dedicar à maternidade – e lidar bem com o fato de ter aberto mão da carreira;

c) tentar conciliar as duas coisas, o que pressupõe diminuir um pouco o ritmo de trabalho, colocar a profissão em segundo lugar e a maternidade em primeiro, pelo menos por um tempo.

São escolhas difíceis, principalmente quando se precisa trabalhar para sobreviver, o que acontece na grande maioria dos casos, uma vez que a era dos "supermaridos provedores absolutos do lar" é quase um capítulo de livro de conto de fadas.

※ ※ ※

Há três dias peguei um desses jornais que entregam no sinal (semáforo, farol, enfim, aquela luz que interrompe ou libera o fluxo de carros e que tem nomes diferentes em cada região) e, entre uma parada e outra, passei o olho nas notícias. Lá pelo terceiro sinal vermelho, resolvi ler o meu horóscopo do dia. Dizia algo assim:

"Esta é uma época que merece toda atenção, porque a cada momento sua alma é tentada a praticar verdadeiras perversões munidas de argumentos que as fazem parecer santas e corretas." Socorro!!! Preciso de ajuda psicológica-psiquiátrica-espiritual para ontem. Qual será a perversão disfarçada que minha alma está tentada a praticar? Eu, em minha forma atual? O que poderia ser tão terrível assim? Só não fiquei apavorada e corri para me entregar de antemão à delegacia de polícia mais próxima (ou ao atendimento psiquiátrico e aconselhamento amoroso) porque não acredito muito em horóscopo. Não NESSE tipo de horóscopo do cotidiano. Apesar disso, fiquei curiosa e decidi ler o que o futuro reservava para mim nos dias seguintes. Ontem, o sol brilhava na minha 3ª casa, Júpiter chegava à minha 12ª casa e o resultado dessa combinação era que eu teria vontade de fazer uma grande revelação. No entanto, o jornal aconselhava cuidado, porque, segundo estava escrito, "há segredos que não devem ser compartilhados". Socorro duas vezes! Será que esse segredo que eu desconheço e quero revelar – mas não devo – tem a ver com as tentações perversas da minha alma de grávida para as quais o horóscopo do primeiro dia alertou?

    Não muito contente e um pouco confusa a respeito do meu futuro, resolvi me dar mais uma chance e ler o horóscopo outra vez hoje. Finalmente, uma boa notícia: o momento é de foco nos assuntos domésticos/privados e os investimentos para a família prometem ganhar destaque. E mais uma boa nova: minhas finanças (quais?) estão protegidas! Ufa, fiquei aliviada... Pelo menos, enquanto não descubro o lado oculto do meu ser, posso ficar tranquila com a minha situação financeira – uma boa notícia para quem vai ter um filho, mais um filho!

✳ ✳ ✳

Amanheceu um dia lindo aqui em São Paulo. Perfeito para um programa ao ar livre. Principalmente porque acordei com vontade de sair de casa, depois de umas três semanas de "síndrome de Rapunzel", vendo a vida da confortável torre do 14° andar do meu castelo. Apesar da minha vontade e do dia de sol, dois complicadores dificultam um pouco colocar em prática um programa-ao-ar-livre-com-a-família. O Daniel está com dor de garganta. Então, nada de sol, melhor ficar quietinho. O segundo complicador é o Felipe (e o Daniel também, que resolveu fazer uma experiência hoje e está ouvindo a transmissão de Uruguai x Coreia do Sul pelo rádio, no quarto, para ver a diferença da narração da TV). Os dois estão enfurnados no tema futebol. Eu adoro Copa, mas hoje queria dar uma volta e me esquecer dos jogos.

Devia ser uma lei da natureza: em época de Copa do Mundo, nada de gravidez. A Dona Natureza teria que fazer muito bem suas contas e projeções, para evitar concepções nos meses anteriores ao mundial, de modo que nenhuma mulher estivesse grávida durante a Copa. Ou outra opção (talvez mais simples, mas tão improvável quanto): que os maridos que, porventura, tivessem suas mulheres grávidas durante uma Copa do Mundo deixariam o futebol de lado naquele ano. Porque, sinceramente, não sei até que ponto posso conviver mais com isso. Quero a atenção TODA para mim e não me conformo em ter que dividi-la com o futebol. Em casa, já ganhei um apelido: "Jabulosa", porque o Felipe e o Daniel disseram que engoli uma jabulani, a tal da bola da Copa.

Enquanto tento controlar as minhas emoções de "grávida em segundo plano no reino familiar", aproveito o fato do terceiro homem da minha casa, o Antônio, ainda estar na barriga e sob meu total controle. Vamos, Antônio, quem sabe a gente dá uma volta no quarteirão?!

* * *

Estou na 27ª semana da gravidez. Daqui a uns dias completo seis meses! Resolvi olhar na internet como vai o meu bebê. Fiquei orgulhosa, porque nessa fase ele está com os pulmões bem desenvolvidos. Se nascesse agora, teria chances de sobreviver. Parece que ultrapassei a linha da qual a gente tem tanto medo durante a gravidez (pelo menos uma das linhas): a das chances do filho sobreviver ou não, no caso de um parto prematuro. Ainda é muito cedo, e a probabilidade é delicada. Mas qualquer esperança é melhor que nada (ainda mais para quem já teve um filho prematuro, que é o meu caso). O cérebro também está mais maduro, as pálpebras começam a se abrir. Ele já tem cílios, dá para acreditar nisso? Mede cerca de 32/33 centímetros dos pés à cabeça (igualzinho a uma régua dessas que o Daniel leva para a escola) e deve chegar ao fim da semana pesando até 1,2 kg! Uma pessoinha completa, que está só crescendo, crescendo – provavelmente na altura das minhas costelas, o que ajuda a explicar a dor constante que tem me acompanhado.

* * *

Parei de trabalhar para tomar café da tarde. Acabei com o último pedaço de mamão, misturado com mel, aveia e a coalhada que eu fiz. Ficou uma delícia. Não acho mamão uma coisa de delicioso. Sobretudo o mamão papaia, que é aguado e não tem muito sabor. Gosto de mamão formosa. Tenho comprado uns dois por semana, e só eu como. Estou viciada em mamão. É um dos únicos alimentos que têm aliviado a azia, que se tornou minha fiel companheira de umas semanas para cá. Pensando bem, estou desenvolvendo vários vícios durante a gravidez: por mamão formosa, rocambole de doce de leite, aveia e seriados de detetives.

※ ※ ※

Minha "tia madrinha ginecologista obstetra" me ligou ontem para me dar um pito gigantesco. Por quê? Por dois posts que ela leu no blog. Este é o grande efeito colateral de contar sobre o dia a dia da gravidez na internet: quando as pessoas que convivem com você decidem ler o que você escreve. Não cogitei esse risco ao resolver fazer o blog. Não pensei, nunca, que minha mãe, minha sogra, minhas tias, minhas primas, minhas avós, meu filho e, pior de todos, meu marido fossem ler. Eles não são muito chegados ao mundo virtual e não precisam xeretar o blog se convivem comigo. Então, fui contando, escrevendo, abrindo a vida como um livro escancarado.

Agora eles leem e telefonam para dar broncas, comentar. O que é MUITO diferente dos comentários que recebo por e-mail. Uma coisa é receber uma opinião escrita. Outra, bem diferente, é receber palpite ou pito ao vivo. Ela me ligou furiosa sobre os posts que falavam da solução milagrosa para não ganhar muito peso na gravidez e da preparação para o exame de diabetes gestacional. Sobre o primeiro, foi pelo fato de eu ter pensado na possibilidade de comprar um aparelho vibratório para perder calorias. Ela disse que grávida não pode usar isso etc. e tal. Expliquei que foi só um pensamento, que ela não precisa se preocupar, porque nunca vou fazer algo assim sem consultar uma opinião médica antes. Sobre o segundo post, foi por eu ter feito a panela de brigadeiro na véspera do exame de tolerância à glicose. Ela achou que eu tivesse comido a panela inteira. Com calma, contei que não, foram só duas (ou três) colheres de sopa – o que não a deixou nem um pouco satisfeita.

– Seu exame pode dar alterado – disse, extremamente brava.

Mas a tranquilizei. Fui hoje ao médico e o exame deu negativo. Ou seja, nada de diabetes gestacional (por enquanto), o que me permite um pouco mais de fôlego nesse último trimestre da gravidez e algumas cotas de docinhos pela frente! Recebi outra linda notícia na consulta: engordei só 50 gramas nesses 15 dias! Parece que a minha dieta de redução de doces funcionou! Vamos ver se continua assim...

P.S.: Primeiro fato incontestável da gravidez: torna-se um patrimônio público. Todo mundo tem uma opinião pronta para dar, principalmente quando se tem uma família como a minha, na qual todos vivem intensamente a vida de todos e o termo "privacidade" não existe no vocabulário compartilhado.

* * *

Meus ouvidos ainda estão ecoando a bronca (nonagésima milésima, diga-se de passagem) que recebi da minha madrinha, que, por ser ginecologista e obstetra, explora todo o seu conhecimento técnico para palpitar sobre a minha gestação. Ela vive me dando broncas, mas são broncas tão cheias de carinho que me fazem até bem. Me mostram o quanto posso contar com ela e como fui feliz e sortuda na minha escolha para meus padrinhos. Sim, MINHA escolha. Eu tinha 4 anos quando a minha prima Mariana foi batizada. Durante os preparativos para o grande acontecimento, perguntei para a minha mãe das fotos do meu batizado. Minha mãe é fotógrafa, logo, tenho milhões de fotos, de todos os momentos da vida. E, apesar de ter apenas 4 anos, eu sabia que algo tão importante quanto um batizado teria sido registrado. Foi então que recebi a grande e terrível revelação:

– Não tem foto, Maria. Você não foi batizada.

Achei um horror. Não por motivos religiosos. A pouca idade não me permitia pensar nessa perspectiva. Mas, se a Mariana seria batizada, com direito a um lindo vestido branco, por que eu não? Bati o pé e lá se foi a família correr para providenciar o meu batismo. (Na mesma época, constatei que minhas orelhas não eram furadas. Fui à drogaria do Lázaro, em Três Pontas, para furá-las e escolhi um lindo par de brincos azuis, desses de vitrine de farmácia.) Como meu pai tem duas irmãs e minha mãe dois irmãos e duas irmãs, ficou combinado o seguinte: eu escolheria como madrinha uma das tias paternas e, como padrinho, um dos tios maternos. Não sei por que escolhi uns e não outros. Minha mãe diz que, na época, eram com os quais eu tinha maior afinidade. Só sei que tirei a sorte grande. Minha madrinha é como uma segunda mãe (embora eu tenha várias segundas mães que, na verdade e na prática, sempre cuidaram de mim). Conto com ela para tudo. Uma madrinha como, acredito, deveriam ser as madrinhas – mas que raramente são. Digo isso porque sou uma das poucas pessoas sortudas que conheço que têm excelentes padrinhos, não só no quesito presente, mas no quesito apoio-presença. E, agora, quando precisamos escolher os padrinhos do Antônio, vem o receio de fazer ou não a escolha certa. O mesmo de quando escolhemos os padrinhos do Daniel, que são o irmão do Felipe, o Kiko, e a Mariana, essa minha prima, filha da tia Joyce, irmã da minha mãe. Eu e a Mariana crescemos praticamente juntas, na casa da vó Norma e do vô Ismael. Brincamos e brigamos muito. Na época do batizado do Daniel, minhas três irmãs eram muito novas: a Laura tinha 9 anos, a Júnia, 8 e a Vitoria, 1. Escolhi a Mariana, que também era nova, tinha 15 anos. E não me arrependo. Ela é uma excelente madrinha. Mas cada caso é um caso, e agora estamos com esse dilema. Portanto, relacionei algumas observações que, espero, possam ajudar na decisão:

1) De preferência, os padrinhos devem ter laços familiares fortes com os pais, tipo: irmãos, tios, primos, sobrinhos etc.

2) Amigos podem ser bons padrinhos. Mas amizades são mais fáceis de se perder ao longo dos anos. O mesmo vale para parentes-agregados (maridos ou mulheres de parentes, como cunhados). Se o casamento alheio acaba, pode virar um problema.

3) Escolher padrinhos ou madrinhas de idade muito avançada pode ser problemático para o filho, porque... Bom, pela ordem natural da vida. Por outro lado, às vezes escolher padrinhos mais velhos tem um caráter de homenagem ou reconhecimento, que também deve ser considerado.

4) Padrinhos muito novos são arriscados, pois o cargo pressupõe maturidade.

5) O ideal seria ter padrinhos dos dois lados: materno e paterno, para, obrigatoriamente, envolver o filho com as duas famílias. Nem sempre isso é possível.

6) Padrinhos que já apadrinham muita gente são complicados, porque precisam dividir a atenção. O Bituca em 143 afilhados!

Independentemente dos fatores anteriores, acredito que o que vale é escolher alguém que possa transmitir para o seu filho valores que são importantes para você e o pai da criança; alguém que você admire ou com quem tenha uma forte ligação. Alguém que, realmente, o possa substituir se for preciso, e que não desampare seu filho. No mais, é torcer para a escolha se mostrar feliz.

* * *

O enxoval do bebê parte 1 (maquinário pesado)

Divido o enxoval do bebê em duas partes: maquinário pesado (móveis e acessórios grandes) e adereços (objetos pequenos). Hoje, vou falar da parte 1.

Como já contei, eu estava no quarto mês da gravidez quando a Dani, prima do Felipe, nos passou várias coisas que eram da sua filha: berço, carrinho, bebê conforto, cadeirão e roupinhas. Semana passada, ela telefonou de novo, dizendo que também tinha uma banheira. Fui buscar, imaginando uma simples banheirinha. Quando cheguei lá, quase morri de susto. Os acompanhamentos eram o triplo do tamanho do objeto principal. Voltei para casa com mais uma peça imensa para o canto da sala. É difícil entender como um bebê, que vem ao mundo tão pequenino, precisa de tantos itens trombolhescos para a sobrevivência depois de ter passado nove meses protegido por nada além de uma barriga. Dez por cento do espaço no novo mundo é ocupado por ele e seu corpinho. Os outros 90%, pelos acessórios que antigamente não eram, mas hoje são imprescindíveis. Não dá muito para imaginar cuidar de uma criança sem berço, carrinho e banheira. Tudo bem, vai, incluo na lista o bebê-conforto, as roupas, as fraldas e a chupeta. Quanto aos demais itens, podem ser úteis ou não, ou até mesmo se tornar um obstáculo alvo de ira, como um tal de lixo próprio para fralda descartável, que a Tita, mãe do Diego, mandou dos Estados Unidos. Aquilo servia para tudo, menos para a simples e básica função de uma lixeira.

**

Preciso comprar uma bota preta esta semana. O tempo está frio e chuvoso e a sola da minha bota furou de novo. Tenho dois sapatos pretos, um baixo fechado e essa bota. Compro outro quando um dos dois acaba. Precisava repor o preto baixo quando passei por uma loja em Belo Horizonte, de importados, que estava em promoção. Entrei, vi um modelo igualzinho ao meu antigo, coloquei no pé mais ou menos, paguei à vista e fui embora. Quando cheguei em Três Pontas (morava lá nessa época), comecei a achar algo de errado na aquisição. Muito errado. Olhei, olhei e resolvi experimentar de novo. Ao tentar andar, vi que a ponta dobrava. Resolvi, então, verificar a numeração. Era 42. Eu calço 38. Dá para imaginar como ficou, né? Mas eu já tinha comprado e não teria como trocar, então, decidi usar assim mesmo. Coloquei algodão na ponta e saí para o mundo. Usei umas cinco vezes, até desistir. Não por achar feio. Mas é que minha noção espacial com os meus novos companheiros ficava completamente distorcida. Eu chutava as pessoas, pisava errado, tropeçava nos degraus. Esse foi só um dos vários apuros que passei por comprar as coisas na pressa. Vou preparar meu espírito para ter paciência e encontrar um par de botas novas (e torcer para achar uma igualzinha à minha, sem muito trabalho, ou para abrir um tempo lindo e parar de chover).

※ ※ ※

Justo agora que entrei no último trimestre, na reta final do festival e que preciso de mais tranquilidade, os trabalhos bons estão aparecendo, aos montes. Me telefonaram hoje de uma revista de automóveis. Fiz duas matérias para eles em 2005. Uma ficou tão legal (é uma das minhas matérias de que mais gosto) que volta e meia me param para dar parabéns. (Param = ao pessoal que trabalha na redação, e não fãs alucinados que gostaram do texto e se deram o trabalho de ler meu nome no expediente.) Foi uma matéria sobre uma curva. Isso mesmo. O que pode ter de interessante numa curva da Fernão Dias? MUITA coisa... É uma história incrível e a única coisa que fiz foi descobri-la e contá-la. Pois então, me chamaram para fazer uma das pautas de comemoração dos 50 anos da revista. E não é só uma matéria, é uma matéria MUITO, MUITO, MUITO interessante. Só que precisei ser sincera com o editor e, mais uma vez, falar da minha gravidez. Porque eu preciso pegar a estrada, fazer uma viagem meio longuinha – nada terrível –, mas que, para eu poder fazer, preciso ir num dia e voltar no outro. Não dá para eu ir e voltar no mesmo dia, definitivamente. Expliquei para ele a situação e ele ficou de avaliar. Vai me dar o retorno em breve. Estou aqui torcendo para dar certo.

Entrei no último trimestre. Seis meses desde o teste de farmácia no banheiro. Seis meses. Ai, deu um frio na barriga (se é que há espaço aqui dentro para mais alguma coisa). Espero que este bebê venha na data prevista, ou o mais próximo dela. O Daniel nasceu de 35 semanas. Estou na 28ª. Se o Antônio seguir o ritmo do irmão e resolver nascer na 35ª, são apenas sete semanas daqui até o parto. Ai, ai, haja frio e barriga... Os médicos têm me tranquilizado, dizendo que cada gravidez é de um jeito. E eu tenho conversado com o Antônio, para ele ficar aqui, quietinho, pelo menos até dia 14 de setembro, até o festival passar. Falando nisso, ontem assisti no Youtube trocentas vezes a um vídeo do cubano Pablo Milanés cantando "Yolanda", e outras trocentas ao Sá & Guarabyra cantando "Roque Santeiro"... Além do Gilberto Gil, Milton Nascimento, Wagner Tiso, Jorge Vercillo, 14 Bis etc. etc., eles também estarão lá. E eu queria MUITO assistir, mesmo que sentadinha, aos shows. Por isso, paciência, Antônio, paciência.

Espero que tudo corra conforme o previsto, mas estou me preparando psicológica e praticamente para situações fora do planejamento. Tanto que não sei onde vou ter o meu filho e não estou apavorada com isso (como poderia ser de esperar). Não falo de hospital, maternidade. Estou falando de cidade mesmo. Não sei se terei um filho paulista, assim como meu pai, ou mineiro como eu e a maioria da família.

Como estou fazendo pré-natal em dois lugares, quem vai acabar escolhendo onde nascer será o Antônio. E aconteça o que for o melhor e o que tiver de ser...

✸ ✸ ✸

Estou escrevendo depois de ter assistido ao desfile das fanfarras e escolas na praça, porque é Dia da Cidade aqui em Três Pontas. Minha irmã de 14 anos, a Vitoria, é baliza, como eu fui até os 15. Fiquei uma hora na praça da igreja e perdi a conta de quantas pessoas me pararam para dar os parabéns pela gravidez e falar do blog. Não imaginei que as pessoas da cidade o fossem ler, nem sei como ficaram sabendo, mas o fato é que, aqui, minha gravidez virou mais que patrimônio público, virou capítulo de novela, reality show. (Estou exagerando... Minha vida não é tão importante assim, em todo caso, tem sido curiosa, essa experiência.)

Viemos para Três Pontas na quinta-feira e aproveitamos para assistir ao jogo do Brasil na sexta. Bom, sem palavras. Perdemos... Fiquei com peninha do Daniel, que estava a mil com essa Copa. O bom é que ele me puxou e logo encontrou um consolo: torcer pelo Uruguai. O marido da minha mãe, o Diego, é uruguaio e, como a família estava toda reunida, aproveitamos a bebida, a comida e as vuvuzelas para vibrar com a vitória uruguaia. A festa não pode parar, não é?

* * *

Hoje é um dia de glória! Depois de algumas semanas sonhando com uma canjica doce, com leite condensado, amendoim e canela, vou realizar o sonho! Minha mãe está, agorinha mesmo, preparando uma panela inteirinha só para mim. Estou pensando em ser um pouco generosa e dar algumas cotas para o Daniel e a Vitoria. E só. As demais são minhas. Até comi menos que o de costume no almoço, para economizar espaço na barriga. Quero comer até me empanturrar, sem culpa nem sofrimento. Mereço. Andei MUITO comportada com os comes nos últimos dias.

Só vou controlar um pouquinho para não passar mal. Porque quero aproveitar para dar uma volta à noite com o Felipe. Vir para Três Pontas é um remédio para o casamento. Em São Paulo, além de morarmos em um apartamento pequeno, trabalhamos – os dois – muito em casa, o que significa milhares de minutos por dia juntos. Tem hora em que a gente precisa de um tempo, por maior que seja o amor... Nem as cinderelas passavam os dias todos com seus príncipes. Na última semana, achei que eu fosse jogar o Felipe pela janela. E à medida que a gravidez vai chegando ao fim, parece que essa minha irritação espontânea vai só piorando. Preciso fazer um trabalho interior emocional-psicológico – ou torcer para ele me aguentar até o fim! Por que a gente faz isso com o marido? Talvez por ser a pessoa mais próxima no dia a dia (já que não dá para descontar nos filhos). Ou porque, no fundo, eu quisesse que ele também carregasse o bebê na barriga, nem que fosse um pouquinho. Por mais lindos e únicos os encantos de gerar uma vida, parece que, desde o primeiro momento, a responsabilidade maior é sua (da mãe), que, ainda por cima, precisa trabalhar.

Espero que isso tudo passe depois de o bebê nascer. Até lá, minha avó deu uma dica muito valiosa que ela aprendeu com a avó dela, para conseguir sobreviver às irritações com o marido (parece que os maridos são fonte de irritação para as mulheres desde a época da Carochinha):

– Quando você ficar muito irritada, minha filha, coloque água na boca e não engula, até passar. Ajuda a relaxar e, com a boca fechada, você não diz o que não precisa...

– E se não tiver água por perto?

– Ah, aí reze um pai-nosso e respire fundo.

É uma boa técnica. A outra é ter alguns instantes de distância. Quando a gente vem para Três Pontas, eu e o Felipe não ficamos na mesma casa. Fico na minha mãe e ele, na dele. Isso pode parecer coisa de casal moderninho. Não é. Por que razão eu teria que ficar na casa dele e me privar do contato com a minha família? Do outro lado, por que ele teria que fazer o mesmo? Por causa de uma palavra chamada casamento? Sinto muito. E foi bom. Porque, como hoje, quando vamos sair à noite, ele vem me buscar, igual ao namoro... Depois, me devolve, com direito a beijo romântico na porta de entrada. Quer algo melhor do que um beijo romântico-apaixonado para um relacionamento? Por isso, só por isso, vou tomar cuidado (um tiquinho de cuidado) para não exagerar na canjica. Preciso estar linda e bem-disposta para o meu encontro com o meu marido...

***

Fui visitar a Graziela. Ela acabou de ter bebê. Acabou é modo de dizer – um modo delicado para aplacar a minha culpa pela demora na visita. O menino está com dois meses! Fiz a visita na hora do almoço, corrida, sem presente. Uma tragédia no item educação, mas a única maneira que encontrei de realmente colocar em prática o plano "Conhecer o bebê da Graziela". Depois, levo um presentinho. Ele é um amor, tem cara de menino. É que tem nenê que não tem cara nem de um nem de outro, só de bebê mesmo. Ela estava dando de mamar. Quando acabou, passou o filho para os meus braços, e o segurei por alguns minutos. Alguns segundos. Era tão pequenino que fiquei meio apavorada, com medo de fazer qualquer gesto em falso e quebrá-lo ao meio. Era como se eu nunca tivesse pegado uma criança no colo. Nem parece que tenho filho. Fiquei com medo de ter desaprendido, mas acho que essas coisas são igual a andar de bicicleta: a gente não esquece. Perde a prática, mas não esquece.

Eu nunca gostei de criança. Não que eu odiasse. Mas via minhas amigas enlouquecidas quando se deparavam com um bebê ou uma criança pequena. Pediam para pegar no colo, brincavam, paparicavam. Eu nunca fui assim. Olhava um priminho e dizia: "Que gracinha!" Pronto, tchau. Quando fiquei grávida do Daniel, tive medo de não ser boa mãe, por não ter o mesmo "instinto materno precoce aflorado", tal qual o das minhas amigas. Ele nasceu e o medo desapareceu. Não voltei a pensar nisso. O amor veio de imediato e sei que fui, e sou, uma boa mãe, dentro das minha limitações. Se alguém tiver dúvida,

Mãe de dois **183**

pergunte ao próprio Daniel (ele está suficientemente treinado para dizer que sim, eu sou a melhor mãe do mundo!).

A Graziela está de parabéns. O Lucas é um amor e está muito bem cuidado. Não encontrei nenhum sinal de beliscão, e ele está corado o bastante para alguém bem alimentado. Sim, ela está sendo uma ótima mãe. Ela viveu intensamente a gravidez planejada. Curtiu cada etapa, viajou para comprar o enxoval, decorou com carinho o quarto do filhote. E, pelo pouco que conversamos, é bastante entendida de assuntos gravídico-maternos: sabe as regras para o melhor amamentar, vigia os ganhos e perdas de peso do filho. Tem tudo organizado.

Essa é uma das desvantagens de ter ficado grávida aos 18 e, depois, aos 31 (completando aqui as "Diferenças entre ficar grávida aos 18 e aos 31"). Na primeira gravidez, eu era muito nova. Não tinha esses pensamentos. Preparei o quarto do Daniel, o enxoval, mas sem curtir tanto assim, porque eu era muito nova. Minha vida não girava em torno do fato de ter um filho, esse era um dos vários acontecimentos do meu dia a dia. Agora, aos 32, quando parece ser uma ótima idade para ter filhos, não sou mais mãe de primeira viagem. E, no segundo filho, as coisas são mais simples, as preocupações, menores e os sonhos enxovalescos, também. Isso tudo, juntando à minha mínima disposição para compras, me faz ser uma grávida não completa, como, penso, a Graziela foi, como, talvez, eu gostaria de ter sido. Mas cada história é uma história, e o melhor é viver a nossa na plenitude – e com um pouquinho de diversão e alegria. Isso, pelo menos, eu tento fazer.

* * *

Voltamos ontem para São Paulo. Hoje, passei o dia fora, no jornal. Estou frouxa. E preciso descansar, porque amanhã saio cedinho para a matéria da revista de automóveis. O motorista vem me buscar amanhã, às 8 horas. Será uma longa viagem, longuíssima.

※ ※ ※

A viagem de ida e volta ao Rio durou dois dias de estrada e muitas histórias. Nesta edição dos cinquenta anos, a revista de automóveis vai repetir algumas matérias do exemplar número um. A minha pauta é sobre a Dutra e foi feita originalmente pelos jornalistas Mino Carta e Roberto Civita (hoje presidente da editora da revista). Achei o convite uma grande honra. A graça do jornalismo, para mim, está nisso. Nesses dois dias, conheci personagens e histórias incríveis, mas fiquei exausta. Pelo menos, agora sei que, se entrar em trabalho de parto na estrada, posso ganhar meu bebê na UTI do resgate rodoviário... Eles têm um longo histórico de partos bem-sucedidos.

Saí de São Paulo na terça, às 8 da manhã. Só paramos tarde da noite, para dormir num hotel no Rio de Janeiro, em Copacabana. Cheguei tão cansada que nem saí para jantar. Comi uma coisa do frigobar. Tomei um banho bem quente e me deitei. O Antônio se mexeu desesperadamente. Também devia estar cansado. E, pela primeira vez, senti o solucinho dele. Tinha lido sobre "o soluço dos bebês na barriga da mãe", mas não tinha sentido e não me lembrava de ter sentido na gravidez do Daniel. Foi uma descoberta linda. Ele soluçou por uns dez minutos e, depois, ficou quieto.

Desliguei a televisão disposta a cair num sono de bela adormecida. Então, ouvi o barulho. Constante, irritante. Parecia um motor que ligava, girava e desligava. Quando eu começava a cochilar, o barulho voltava. Não aguentei e disquei o ramal da recepção.

– Recepção, boa-noite.

– Boa-noite, moço. Estou no quarto 1.307. Tem uma coisa fazendo um barulho alto e não me deixa dormir. Parece um motor. Será que é a banheira de hidromassagem de algum apartamento? Problema no encanamento? Piscina?

– Não, senhora, deve ser o elevador. A caixa de máquina do elevador fica acima do quarto da senhora.

– Ah, sim. Então, eu quero mudar de quarto (eu já tinha devolvido um picolé que veio meio estranho).

– Calma, senhora, esse é o elevador de serviço e daqui a pouco os pedidos vão diminuir. Pode ficar tranquila.

Avaliei a proposta: e se, por acaso, algum turista da Finlândia tivesse o súbito desejo de comer um misto-quente de absurdos R$ 18,90 às 3 da madrugada? Eu seria despertada no meu leito aconchegante. Pensei bem e achei melhor não ficar tranquila, conforme ele sugeriu.

– Moço, eu vou querer mudar de quarto, sabe. Estou grávida, exausta e vou trabalhar o dia todo amanhã, na estrada. Prefiro não correr o risco. A gente nunca sabe, né, quando um hóspede finlandês vai pedir um misto-quente (ele não entendeu a história do misto-quente, mas concordou em me trocar de quarto).

À meia-noite tirei o pijama, coloquei uma roupa, juntei a malinha e desci até o segundo andar, onde reinava o silêncio merecido – e esperado – de um hotel. O Antônio também gostou da troca e foi compreensivo, porque não voltou a soluçar nem a fazer acrobacias até o dia amanhecer... E, então, mais estrada... Ainda preciso descansar...

P.S.: Acho que minha barriga cresceu uns 2 quilômetros nesses dois dias... (é que estou pensando em quilômetros, mas isso passa, logo passa).

* * *

Vou me dar uma merecida folga hoje (se meu senso exagerado de obrigações permitir). Cheguei ontem de madrugada, com as costas doendo de tanto ficar no carro, na estrada. O máximo que pretendo fazer é pensar no texto e dar uma olhada nas minhas anotações. Amanhã eu escrevo.

* * *

Silicone. Enchimento. Adesivo suspensório. Sutiã modelador. Mamoplastia... Quer aumentar a comissão de frente? Não é preciso nada disso. A solução é mais simples e natural do que se pode imaginar: basta engravidar. Essa opção vem acompanhada de outros detalhes, como filhos, mas não deixa de ser uma possibilidade válida e eficiente. Comigo tem sido assim. Meus seios estão enormes, gigantescos, descomunais. Estou me sentindo uma dançarina de programa de humor em um dia BEEEEM inspirado, vestindo um minimísero biquíni. Se tivesse coragem para tanto, poderia participar, neste exato momento, de um concurso de "Miss Peituda", com chances reais de chegar a uma boa classificação.

Meu peito está tão grande que parece prestes a estourar. Estou até vendo: estou andando pela rua, caminhando arrastada, por causa do peso, quando, de repente, o peito explode. Esse parece ser o único futuro possível/provável – se continuar crescendo assim. (Peito = seios, mamas.)

Não estou parecendo uma vaca leiteira. Estou mais para um rebanho inteiro. Eu esperava por isso. Na gravidez do Daniel, eles cresceram tanto que pareciam um acessório extra, acoplável. Desta vez, não foi diferente. No segundo mês de gravidez já estavam enormes. Agora, na 29ª semana, não estão cabendo no meu sutiã. Vou ter que comprar outros, de tamanho especial. Fora esses inconvenientes, há as vantagens do ultramamocrescimento:

1ª) Para a amamentação: é a lei da lógica: seio grande, sinal de leite abundante (embora nem sempre seja assim). O importante, aqui, é cuidar dos bicos – aréolas – desde o início da gestação, para não racharem. Também cuidar para as mamas não inflamarem e tentar evitar as estrias. Uma ótima dica contra rachaduras é tomar sol, esfregar com bucha durante o banho, para "engrossar" a pele e, quando o bebê nascer, pingar água de calêndula. Comigo funcionou e amamentei o Daniel por nove meses. Só parei quando os dentinhos dele começaram a crescer e ele começou a me morder.

2ª) Para o relacionamento: o marido acha o máximo. IMPORTANTE: não mostrar para ele que está saindo colostro, o líquido amarelo que os seios produzem antes de o bebê nascer e o leite descer. "Olha só!", você diz, na maior inocência do mundo, e aperta até começar a escorrer. No meu caso, isso não foi nada motivador para incendiar a paixão. Pelo contrário, foram necessários alguns dias e uma reconhecível força de vontade para o Felipe esquecer a cena.

※ ※ ※

Além de passar os feriados e alguns (vários) finais de semana em Três Pontas, também passamos boa parte dos meses de julho, dezembro e janeiro, que são as férias de meio e fim/começo de ano do Daniel. Grande vantagem de trabalhar pelo computador. Podemos trabalhar de qualquer lugar. Nesses meses, vamos para São Paulo alguns dias, às vezes muitos dias. Depende das reuniões presenciais, essas que não podem ser feitas por telefone, internet nem telepatia. Esse processo tem também a sua desvantagem: passamos outra parte do tempo na estrada. E eu estou meio cansada de estrada, ainda mais por causa da barriga.

Viemos trazer o Daniel para as férias e vamos ficar alguns dias, talvez uma semana. Depois, é entre lá e cá, embora eu comece a pensar não ser uma boa ideia ficar tanto em trânsito, estando no sétimo mês de gestação. Mas preciso ganhar o pão de cada dia. E não sei se suporto a ideia de ficar sozinha em São Paulo enfiada no computador, sem gente por perto para conversar. É solitário demais.

Ontem a Júnia, minha irmã, veio para Três Pontas, passar as férias da faculdade trabalhando com as coisas do festival. Fazia tempo que a gente não se encontrava, desde janeiro. Fiquei muito feliz de reencontrá-la e, também, adorei os mil presentinhos que trouxe, para mim, para o Daniel, para a Vitoria e para o Antônio! Um conjuntinho azul-marinho lindo, lindo. Tão pequenino!

Neste fim de semana o enxoval do bebê no quesito "adereços" cresceu bastante. Ganhei macacõezinhos que são um amor: em verde, branco, amarelo, estampa de ursinho. Ganhei pacotes de fraldas também e um lindo enfeite de estrelinhas que brilham no escuro, para colocar no quarto do Antônio. Quando eu era pequena, queria ter essas estrelas no meu quarto, uma constelação inteira só para mim.

* * *

Hoje, 12 de julho, eu e o Felipe comemoramos sete anos de casamento. É uma data importante, merece uma comemoração à altura. Os sete são a primeira grande prova para o futuro do relacionamento. Contando os 15 e meio de convivência, sete parecem pouca coisa. Mas são exatos sete anos vivendo sob o mesmo teto, dividindo os cuidados com o filho, a cama, o banheiro, as respectivas famílias e suas peculiaridades pouco convencionais. Sete anos dividindo os longos e intermináveis minutos do dia. Dizem que, se passa dos sete, a chance de a união durar até que a morte os separe ganha em probabilidade e acerto. Não sou muito supersticiosa, mas é uma ocasião para se comemorar.

O problema está é no tipo de comemoração. O ideal seria uma noite caliente em um lugar romântico. Como ter uma noite caliente com a barriga? Não sei como acontece com as outras grávidas, mas as minhas capacidades acrobáticas são bastante limitadas. Simplesmente não consigo me livrar com facilidade da barriga. Ainda não me acostumei com essa nova dimensão do meu corpo. Tenho uma dificuldade normal com o meu tamanho no mundo. Coleciono roxos nas coxas porque não há um só dia em que eu passe sem bater as pernas na quina de alguma mesa. Vivo trombando em tudo quanto é coisa. Uma vez bati a cara na quina da parede porque calculei errado o espaço para passar pela porta. Outra vez, enfiei a testa na trava do porta-malas do carro quando fui colocar um saco com bananas dentro. E bati a cabeça umas duas vezes na carteira (mesa) na época do grupo escolar. Não entendo como consegui essa façanha e, ainda, repeti-la.

Com toda essa dificuldade, ter uma noite de amor intenso com a barriga no meio é uma missão complicada. Para virar de lado, sentar, deitar ou realizar qualquer movimento que demande maior esforço, gemo umas trinta vezes (não de prazer — estão mais para essas lamúrias de gente idosa, tipo quando levantam da cadeira a muito custo). Uma peleja só. E nem tenho como tomar um drinque ou um vinhozinho para ajudar, quem sabe, a desencanar. Vai ser duro, mas estou disposta a fazer o possível. E, principalmente, estou confiante na compreensão do meu marido. São sete anos... (E se ele se esquecer disso, estou disposta a lembrá-lo muito bem lembrado.)

✽ ✽ ✽

A noite do nosso aniversário de casamento não saiu como o planejado. O máximo de caliente que teve foi o edredom, depois de um banho quente. O Felipe estava gravando o vídeo para um CD e chegou tarde, quando eu também estava terminando de escrever um texto. Ficamos conversando, lembrando histórias, abraçados (e a barriga, bom, continuava lá). Não acho que essa seja uma cena deprimente de um amor cansado. Vejo mais como uma noite de um amor tranquilo, sem pressa, consciente.

※ ※ ※

Viemos para São Paulo cedinho e, quando chegamos ao nosso prédio, a energia havia acabado. O Felipe subiu os 14 andares até o apartamento para trocar de roupa e se arrumar para a nossa reunião. Eu fiquei na garagem e me troquei ali mesmo, no escurinho, protegida pela falta de luz e o vidro do carro com Insulfilm. O sapato não combinava muito com o restante da roupa e a blusa de malha estava incrivelmente amarrotada. Nada que o casaco de lã não pudesse esconder. "Você vai com esse casaco? Vai sentir calor", disse o Felipe. Melhor calor do que passar vergonha ou encarar a escadaria para pegar uma blusa de manga curta para combinar. Porque nem pensar em subir aqueles lances todos. Não faria isso nem em estado normal, quanto mais grávida. Quero ter as pernas fortes e musculosas, mas nem tanto.

※ ※ ※

A reunião foi boa, mas estou com uma dor de cabeça tremenda e uma azia de matar. Sinto que o Antônio está chutando o meu estômago e as minhas costelas o dia todo, e durante a noite também. Esse menino está agitado, viu? Será que vai continuar assim depois que vier para fora? Espero que não – pelo menos não nas primeiras semanas...

* * *

Esta noite descansei bastante, consegui uma noite interrompida apenas três vezes por idas ao banheiro. Na última etapa do sono, sonhei muito. Foi quase real. Eu estava no festival, com a barriga monstruosa de tão imensa, quando o Caetano Veloso me apareceu, do nada. Eu não podia mandá-lo embora, mas também não tinha nada preparado para recebê-lo, nem um canto sequer para escondê-lo dos fãs alvoroçados.

Fiquei, com barrigão e tudo, andando com o Caetano de um lado para o outro, atrás de um lugar tranquilo. Camarim, camarote, área de serviço, posto policial, palco. Onde quer que a gente chegasse, havia alguém de antenas ligadas para identificá-lo e vir correndo, chamando uma multidão. Eu pensava comigo: "Gente, ele é tão pequenino, como é que as pessoas o descobrem tão rápido?" (Pelo menos ele é menor do que eu, foi o que descobri quando o entrevistei para o meu livro.)

Até que, finalmente, arrumei um cantinho, atrás da cozinha de serviço do bufê. Nesse exato minuto, meu tio Márcio nos viu de longe e começou a cantar uma música do Caetano. Um segundo. Foi o tempo até o público todo vir atrás dele — e de mim, por tabela. E eu com o barrigão. Achei que fosse parir ali mesmo. Comecei a suar frio e a ficar com muita, muita vontade de fazer xixi. A vontade foi aumentando, aumentando...

Acordei, suada e apertada. Corri para o banheiro. Havia sido apenas um sonho (ou pesadelo?). Estou ficando meio apavorada com a situação "Bebê x Festival". Deve ser isso.

P.S.: De uns dias para cá a minha barriga parece estar crescendo em ritmo mágico, igual em desenho animado. Todo dia eu acordo e parece outra barriga. Cadê aquela barriga que estava aqui ontem? Sumiu. Estou cansada do peso. E sinto um pouco de falta de ar quando sento na cama, acho que o bebê está comprimindo tudo aqui dentro... Parece que eu não caibo mais dentro de mim...

* * *

Eu tinha 16 anos. Meu professor de piano teve um imprevisto e não poderia me ensinar a tocar a peça para a prova de fim de ano. Então, sugeriu:

— Você conhece o Felipe, filho da Zita?

— Conheço.

— Vamos fazer o seguinte: procure ele e peça para ensinar a música a você, porque é meu aluno que melhor interpreta.

Eu conhecia o Felipe. A mãe dele era amiga da minha tia Joyce e brincamos juntos até termos uns 4 ou 5 anos. Depois, fomos para escolas diferentes e não voltamos a nos falar. Telefonei para ele e expliquei a situação. Ele disse que eu poderia ir naquela tarde. Lembro bem quando cheguei à casa. O pai, que ainda morava lá, abriu a porta. Logo o Felipe apareceu e fomos para a sala de visitas. Abriu o piano e tocou a peça "Choro manhoso", do Ernesto Nazareth.

Fiquei encantada. Como assim? Um menino de 16 anos tocando piano daquele jeito? E mais: um menino tocando piano, enquanto os meus amigos só pensavam em piscina, roça, mulher e cerveja (um horror, eu sei, mas no interior os adolescentes começam a beber cedo). O Felipe repetiu a música, me explicou algumas passagens e tocou outras. Uma sonata do Mozart, uma sonatina de Beethoven, um movimento de Bach. Parecia algo surreal. Não posso dizer que foi amor à primeira vista, porque eu já o conhecia e porque o amor é algo que só vem depois. Foi decisão à primeira nota do piano. Decidi, naquele momento: "Vou namorar este menino." Não me importei com o fato de ele ter uma namorada de um ano e pouco e ser completamente apaixonado por ela. Sabia que, cedo ou tarde, aquele namoro semi-infantil (desses primeiros amores da vida) iria terminar. Eu estava disposta a esperar.

A espera foi pouca. Um mês depois, em dezembro, o namoro acabou. Em janeiro começamos a namorar. E estamos aqui, até hoje, 15 anos depois, compartilhando os dias quase ao mesmo tempo que estivemos cada um no seu canto. Quinze anos que não foram perfeitos, eu sei. Com seus altos e baixos, momentos únicos, mágicos, tristes. Momentos desesperantes, com a vontade concreta de um jogar o outro pela janela. Falhas, mágoas, medos. Aos 18 tivemos um filho. Aos 25, nos casamos. Aos 32, teremos outro filho. Dividimos planos, conquistas, alegrias, frustrações. Não sei por quanto tempo ainda ficaremos juntos, para sempre ou não. É impossível saber. Mas estamos aqui, depois de tantos anos – e isso deve significar alguma coisa.

Por tudo isso, agradeço ao Felipe por essa caminhada, por sua música e sua presença, seu carinho e sua paciência. Porque hoje é seu aniversário... Pena que ele não lê o blog (o que geralmente eu acho ótimo, pois não sei se ele gostaria de tudo o que escrevo sobre ele). Mas hoje, quem sabe, talvez ele ficasse feliz.

* * *

O Daniel foi para São Lourenço com o Pedro, um amiguinho (minha mãe disse que já está engraçado ficar falando "amiguinho", porque eles estão enormes e com vozeirão de homem). Foram passar o fim de semana na casa da avó dele. É a primeira vez que o Daniel viaja com um amigo. Foi todo empolgado. Ajudei a preparar a mala, separar perfume, desodorante. As blusas mais bonitas, calça, cueca. Foi tão feliz que não parecia caber em si (igual a mim, que não caibo mais dentro de mim, só que diferente, no caso dele de alegria, no meu, de barriga). Fiquei orgulhosa e contente. Que ele possa aproveitar muito. E que eu saiba conviver com isso. Com o fato de o meu príncipe estar virando um rei... Meu filho está começando a descobrir o mundo. Que essa descoberta seja tranquila e especial. E que ele fique sempre por perto, por favor...

***

São 3h20 e desisti de tentar dormir. Isso tem acontecido muito. Eu acordo umas três da madrugada para ir ao banheiro (na eterna luta do xixi) e, quando volto, não consigo retomar o sono. Fico umas duas horas acordada até dormir de novo. Hoje, perdi a paciência. Em vez de ficar rolando na cama, resolvi escrever um pouco e ver se isso me ajudava a relaxar mais rápido. Tem sido difícil dormir. Fico sem posição. Às vezes me pego deitada de lado, mas um pouco por cima da barriga, meio quase de bruços, e fico com dor na consciência. É sem ver, e não é de barriga totalmente para baixo, mesmo assim, me sinto mal. Parece que estou machucando o bebê. De acordo com a minha ginecologista, o bom é dormir do lado esquerdo. Eu dormia a maior parte da noite do lado esquerdo (ou de bruços). Agora, só porque sei que isso é bom, tenho uma vontade quase incontrolável de deitar do lado direito. Por que a gente faz isso? Tudo o que é proibido ou que não é o ideal dá vontade de fazer... Parece um instinto cruel. Vai entender as complicações da mente humana (pelo menos da MINHA mente humana).

Estou colocando uma almofada entre as pernas e outra meio debaixo da barriga, para me ajudar a ficar mais confortável (e me impedir de tentar virar para baixo durante as profundezas do sono). Mas, na hora em que estou mais confortável, o Antônio começa a chutar. Não são mais aqueles singelos e carinhosos chutes. Ele pula, pula mesmo. Parece que está virando cambalhota ou disputando uma competição de touro mecânico. Nunca vi coisa mais esquisita. Será que ele vai ser assim, agitado? A hipótese está me deixando nervosa.

E não é que, finalmente, o Felipe quis colocar a mão na minha barriga!!!! Uma grande e incontestável vitória!!! Estávamos deitados, os dois, com planos de iniciar uma ardente noite (na medida do possível, obviamente), quando ele colocou a mão, do nada. Fiquei quase emocionada. E teria ficado, se tivesse dado tempo, se o bebê não tivesse feito uma de suas acrobacias justo naquele momento. O Felipe levou um susto enorme e tirou a mão correndo. Ficou olhando a barriga e teve um acesso de aflição quando viu meu adorável ventre pulando de um lado para outro, igual brigadeiro fervendo na panela.

Adeus, noite ardente (que está se tornando cada vez mais rara). Ele não só desistiu do processo como chegou para o canto oposto da cama. "O que é isso, Felipe?" "Estou com medo", ele disse. "Medo de quê?" "De machucar o bebê." Fiquei pensando: Acho que essa era só metade de medo, a outra metade era de mim e de que alguma coisa que saltasse pelo meu umbigo (nunca se sabe). Ele ficou me olhando de esguelha, desconfiado. E não teve jeito. Não consegui ganhar, de consolo, nem uma mão dada. Tive que dormir abraçada às minhas almofadas, tentando conciliar a cama, o sono e a barriga.

    P.S.: A técnica de escrever ajudou um pouco... Meus olhos estão fechando... Vou tentar voltar a dormir... Boa-noite!

* * *

Dei entrevista na rádio AM de Três Pontas. Foi uma hora, durante o almoço, respondendo às perguntas dos ouvintes. Foram tantas perguntas e o programa foi tão interativo que eu me empolguei. No final, estava me sentindo totalmente à vontade. Esclareci as dúvidas do público, falei da programação do festival, pedi apoio. Entrei no clima. Acho até que entrei no clima meio demais. No final, estava parecendo político em véspera de eleição. Só faltei pedir votos.

* * *

Reclamei tanto da falta de barriga... Agora que ela está crescendo descomunalmente, estou me sentindo um barril.

    O Daniel ligou de São Lourenço, entusiasmadíssimo. Está amando o programa. Foi no parque das águas, assistiu a um show e, depois, andou de kart. "O que vocês vão fazer à noite?" "Não sei, mãe, não sei, depois te conto", disse, todo adulto. Estou com saudade... Queria que ele estivesse aqui comigo, para eu dormir abraçada com meu filhote, já que o Felipe está na Zita e eu estou aqui, nesta cama enorme, sozinha...

***

Uma das minhas primas veio me fazer uma visita neste domingo. Ela estava quase deprimida, arrasada, estraçalhada, porque o romance recém-começado com um simpático moçoilo havia terminado. Não foi ele quem deu o fora na tristonha da minha prima. Foi ela quem não quis mais. E o pior, o grande problema da questão foi: ele havia se encaixado perfeitamente na lista que ela fez de "Pré-requisitos indispensáveis para o companheiro ideal". Não vou copiar a lista dela aqui, porque é bem gigantesca e porque a lista é dela, mas vou citar os três principais itens (ou não itens). O dito cidadão:

- Não poderia ser fanático por futebol.
- Não poderia querer ficar no bar até o dia amanhecer.
- E não poderia querer ir à missa todos os domingos, impreterivelmente (tudo bem ir à igreja, mas nada de ter que voltar correndo de uma viagem ou sair de casa doente ou escalar montanhas em dias de chuva para chegar à missa no horário certo).

Ela estava felicíssima. Depois de algumas tentativas, conseguiu um paquera que se incorporasse aos tópicos acima e, além de tudo, era gente boa, bonito, trabalhador e simpático. Mas, aí, vieram outras características que ela não suportou e teve que incluir na lista nova. Além dos itens anteriores, o companheiro ideal:

- Não pode ser fanático por voo de parapente.

- Não pode ser abstêmio radical.
- Não pode querer ir ao grupo de energia espiritual toda sexta-feira, custe o que custar.

Eu ouvi o drama e dei minha opinião. "Amore, acho que você quer é um homem equilibrado, que não seja fanático por nada, que esteja no meio-termo." Ela pensou, pensou e concordou, o que facilitou em muito a nova lista que pretende preparar. Eu fiquei pensando sobre isso. Não vou fazer a minha lista do homem ideal, porque já tenho o meu, do jeito que ele é. Mas, se fosse fazer, além do tópico: CIDADÃO EQUILIBRADO, eu incluiria COM TENDÊNCIAS PARA SER UM BOM PAI. O problema é saber quais são essas tendências. É difícil encontrar uma resposta precisa. Talvez um homem de boa índole, bom coração e carinhoso possa dar conta do recado. Porque os filhos precisam, acima de tudo, de carinho. Precisam se sentir amados. O restante a gente vai remendando na medida do possível.

※ ※ ※

Fiz a segunda consulta de pré-natal em uma semana. Isso é que dá fazer pré-natal em duas cidades diferentes. Por um lado, é bom. Me sinto protegida em dobro – eu e meu bebê. Por outro, é uma canseira. No consultório da minha médica, pelo plano de saúde, em Três Pontas, até que é rápido. No ambulatório de obstetrícia do Hospital das Clínicas, em São Paulo, é demorado. Às vezes um pouco, às vezes muiiitooo. A consulta de ontem, no HC, foi da segunda categoria: demorada. A pressão estava O.K., os batimentos do bebê e o tamanho do útero também, o colo, fechado e espesso. Embora eu não tenha percebido, o doutor achou que estava com um pouco de corrimento e me receitou um medicamento para cândida. Ele disse que as grávidas têm muito isso, por causa das alterações na flora vaginal, essas coisas que não são muito agradáveis de conversar nem de escrever – e muito menos de ter. O peso, bem, faltam 400 gramas para atingir a marca de 10 quilos extras. Espero não passar dos 12 (o que eu duvido, uma vez que o ritmo de engorda tem sido acelerado. Foram 2 quilos nas últimas três semanas, e olha que não estou comendo rocambole de doce de leite). Depois, fui à farmácia do hospital e entrei na fila para pegar a senha prioritária (o problema num hospital, ainda mais público, é que TODO mundo é prioritário e, se não for, está doente, o que dá na mesma). Em vinte minutos o letreiro piscou P28B5. Fui ao balcão cinco, com a identificação em lilás, e peguei a injeção. Meu tipo sanguíneo é O negativo. O do Felipe é B positivo. O do Daniel também é B positivo e, para evitar rejeição do meu corpo ao bebê, caso o sangue dele seja positivo, mandaram que eu tomasse a vacina Roghan. Quando o Daniel nasceu, vacinavam só depois do parto, para evitar problemas em gestações futuras. Agora, receitam como prevenção nas 12 semanas antes da data prevista para o nascimento. Em posse da minha importantíssima injeção, voltei ao ambulatório e esperei mais uma meia hora até a enfermeira vir aplicá-la. Finalmente, fui para casa. Uma maratona só.

Eu tenho feito tudo direitinho na gravidez. Estou cuidando de mim e do meu corpo, preparando a chegada do Antônio com carinho e expectativa (apesar de ter um pouco de medo, de vez em quando). Mesmo assim, às vezes eu esqueço que estou grávida. Não sei como pode uma coisa dessas. E, logo que me lembro, fico com remorso. Parece que deveria ter estampada na minha cara e no meu coração, 24 horas por dia, a bênção que é estar grávida. Não é isso o que acontece. Eu esqueço quando estou muito concentrada em outra coisa, como escrevendo ou respondendo e-mails, por exemplo, ou dormindo! Lembro ou porque o Antônio mexe forte ou porque vou pegar uma coisa no chão e não consigo abaixar direito. Daí, vem aquela impertinente dor na consciência. Passo a mão na barriga, como se isso pudesse amenizar a minha falha de mãe. Na gravidez do Daniel nem sei se eu me sentia grávida o tempo todo ou se nem pensava sobre isso. Provavelmente a segunda opção.

***

Estou com uma azia de matar. Parece que, à medida que o bebê cresce, empurra o estômago e fica tudo confuso aqui. Tem hora que queima tanto que me dá vontade de vomitar. Tentei resistir, mas não deu. Abandonei meus cafezinhos. Também abri mão do chocolate. Meu cardápio mais frequente tem sido mamão, mingau de maisena e arroz com salada (sem vinagre). O médico me receitou hidróxido de alumínio para ajudar. Comecei a tomar ontem e espero que resolva! Sou uma completa otimista. Nunca penso que algo pode dar errado. Acredito piamente que a sorte está do meu lado. Por isso, quase nunca jogo na loteria. Se jogo, já aprendi, tem que ser no último dia, últimos minutos, poucas horas antes do sorteio. Porque é só eu pegar o meu bilhete para começar a sonhar e fazer planos com a fortuna que vou ganhar.

Essa minha característica otimista me ajuda a ter uma vida alegre e pra cima, mas já me colocou em algumas – não poucas – frias. Vou contar dois episódios rapidinhos.

Episódio 1:

Eu tinha acabado de entrar na faculdade. Havia passado em sete vestibulares e escolhido cursar Comunicação Social na UFMG. Me achava o máximo da inteligência – achava não, tinha certeza (como a gente aprende nessa vida...). Estava um dia no centro de Belo Horizonte, resolvendo alguma coisa de que não me lembro, quando uma mulher saiu de uma Kombi do carnê do Baú da Felicidade e me perguntou:

– Você é doadora de órgãos?

– Sim.

– Ah, que bom, senão não podia participar da promoção.

– Que promoção?

– Nós temos sessenta casas que vamos sortear para 62 pessoas, e, se você acertar a carta que eu te mostrar, poderá concorrer.

Me empolguei na hora! Achei a moça muito boazinha, porque ela me deu cinco chances até eu tirar a carta certa. Além disso, teve resposta para todas as minhas dúvidas, inclusive aquela sobre como os outros vendedores saberiam, nas outras cidades, que ela tinha escolhido uma candidata. A resposta foi esclarecedora:

– Temos um computador na Kombi.

Eu, com a minha camisa escrita UFMG, fiquei aliviada com a explicação. Para finalizar a minha inscrição eu precisava comprar um tal carnê, que custava 25 reais, exatamente o dinheiro que eu levava na bolsa. Por eu ser sortuda, achava impossível, entre 62 pessoas, não ser uma das sessenta ganhadoras. Comprei o carnê e fui embora contente, esperançosa. Cheguei em casa (morava com meus avós) e contei meu grande feito. Meu avô Rodrigo me deu um sermão e demorei alguns dias para digerir a história e aceitar o fato de ter perdido 25 reais – e, pior, a chance de ganhar a casa.

Episódio 2:

Minha mãe me contou que havia feito a assinatura de um jornal só porque o operador de telemarketing era muito bom de conversa. Ela acabou assinando, mesmo porque queria assinar um jornal. Ele disse que cem pessoas em todo o Brasil haviam sido selecionadas para aquela promoção. Alguns dias depois, toca o telefone da minha casa. Era um moço do mesmo jornal.

– Tenho uma ótima notícia para você, Maria Dolores.

– Qual?

– Cem pessoas em todo o Brasil foram escolhidas para ganhar um presente do jornal tal, e você foi uma delas.

Eu comemorei, surpresa:

– Que coincidência, minha mãe também!

Pronto, em dois minutos eu havia feito a assinatura. Dessa vez fui um pouco mais esperta. Ao desligar o telefone, comecei a pensar que a sorte não era assim, tão generosa com a mesma família. O benefício das cem pessoas selecionadas era um cartão que dava descontos de até 70% em vários estabelecimentos comerciais, inclusive no restaurante do meu tio Márcio. Telefonei para ele, contando que, com meu cartão, eu poderia comer muito e pagar pouco. Ele ficou uma fera. Nem sabia que diabo de cartão era esse. "Maria, você está parecendo boba, não tem mais idade para cair nessas coisas." Liguei para o 0800 e, depois de muitas ameaças e de dizer que eu era jornalista, consegui cancelar a assinatura (ser jornalista – ou dizer que é jornalista – costuma ajudar, quase igual a se estar grávida).

Sim, sou uma grande otimista. O Felipe diz que eu sou é boba. Ele não entende como posso cair em tanta conversa. Eu digo que é porque confio nas pessoas um pouco de mais. Estou aprendendo que nem sempre pode ser assim. Mas prefiro aprender aos poucos, sem deixar de acreditar que a sorte realmente está do meu lado e sem deixar de acreditar nas pessoas. Melhor assim.

* * *

A Paula disse que vai começar uma dieta para perder 7 quilos até o verão, para exibir a silhueta esbelta em uma bela praia durante a viagem de fim de ano. Não sei onde ela quer perder 7 quilos. Se ela precisa perder isso tudo, não quero nem fazer a conta de quantas toneladas serão necessárias, no meu caso. Não quero e não vou fazer a conta. Estou grávida e tenho uma série de desculpas reais para não assumir qualquer compromisso com a balança nos próximos meses:

1) Atividades físicas pesadas estão proibidas, pelo menos, até o período de resguardo, que é de quarenta dias.

2) Os órgãos internos demoram mais do que isso para voltar ao lugar, e para o útero retomar seu tamanho normal de pera, são necessários uns três meses.

3) Pretendo amamentar e não posso fazer dieta, uma vez que preciso ingerir nutrientes em quantidade suficiente para produzir o alimento do meu filho (depois vai que meu leite fica ralo?!).

4) Mãe de criança pequena precisa de tranquilidade, porque o dia a dia já é por demais agitado. A pressão de entrar em forma não contribui em nada para isso.

Mesmo que estivesse em outra situação, não me empenharia na missão "quilos a menos" até dezembro. Fiz isso quando era adolescente e não tinha noção do quanto a gente perde na vida tentando emagrecer, na obsessão de ficar com o corpão da modelo da revista, ou quando não tinha percebido quantos prazeres gastronômicos se perde (por todos os dias do ano) por um prazer que dura apenas alguns meses (o verão). Por isso, resolvi de maneira prática a questão "perder alguns quilos até o fim do ano para entrar no biquíni". Simplesmente parei de planejar viagens à praia. É radical, mas muito menos cansativo.

❋ ❋ ❋

O Daniel anda com uma frase na ponta da língua – que ele emprega por qualquer motivo, em qualquer ocasião que ele se sinta, de alguma maneira, contrariado. É a seguinte:

– Mãe, não gosto de você grávida.
– Por quê? – pergunto.
– Você fica gorda e chata.

Gorda eu estou um pouco mesmo. Será que estou tão chata assim? Perguntei para algumas pessoas próximas e não disseram que estou um anjo de formosura, mas também não reclamaram do meu jeito. Chata ou não, gorda ou não, o fato é que meu filho não está gostando muito desse meu novo formato versão-barriga. Quando estamos em Três Pontas e o Felipe dorme na mãe dele e eu na minha, o Daniel acaba dormindo comigo. E, com a barriga, agora, ele tem que ficar no canto da cama, sem esparramar as pernas e os braços. Não é mais o rei do pedaço. O irmão nem nasceu ainda e já está roubando um pouco do seu espaço.

* * *

    Meu pai e a tia Licinia vieram de Belo Horizonte, hoje, me visitar. Eu não os encontrava desde janeiro. A gente se fala muito por telefone, toda semana. Com a gravidez, as enxaquecas e tudo mais, acabei não voltando a BH. É muito longe de São Paulo. Adorei encontrá-los. Trouxeram um lindo presentinho para o Antônio e tiraram muitas fotos da minha barriga. Meu pai passou a mão, examinou. Acho que ficou emocionado. Na outra gravidez ele não me viu barriguda, só mesmo quando o Daniel nasceu.

* * *

    Há duas noites tenho sonhado com o momento que se aproxima: o parto. O primeiro sonho foi um pesadelo terrível. Entrei em trabalho de parto. Mas não era eu, era o Felipe. Estranhérrimo, mas sonho é sonho. Vai entender. A barriga de grávida era minha, mas a bolsa rompeu no Felipe e saiu aquela aguaceira (deve ser o meu inconsciente gritando para ele: você vai ter que dividir a responsabilidade comigo, de igual para igual!). E aí, foi uma loucura. Como o bebê estava comigo, mas o trabalho de parto era no Felipe, não havia meio de nascer. Foi uma luta imensa até a médica dizer que não tinha o que fazer, não tinha como tirar o bebê. Acordei apavorada – e aliviada. "Que bom, foi só um sonho", pensei.

Esta noite o sonho também foi um pouco apavorante, mas não tanto (talvez amenizado pelo terror do sonho anterior). O bebê nasceu e eu não conseguia amamentá-lo, porque havia nascido com a boca cheia de dentes, com a dentição adulta completa e afiada. Além dos dentes, tinha olhos enormes. No meio desse pequeno pavor, minha reação de mãe me comoveu. Agi com um autêntico instinto materno, que defende seu rebento, e, no sonho, me senti abençoada por meu filho ter nascido saudável e achei melhor ter vindo com dentinhos do que não ter dentes para crescerem depois. Quando acordei, pensei de novo: "Ai, que bom, foi só um sonho."

Espero ter uma noite mais calma. Sonhar com um lindo bebê bochechudo – e banguela – e um parto tranquilo.

* * *

Adeus blog, adeus textos. Essas podem ser as últimas linhas que eu escrevo. Vou matar o meu computador neste exato momento. A vontade é de jogá-lo no chão, na parede e pisar mil vezes nele, até quebrá-lo todinho. Arrrrrrrrrrrrrrrrrrrrrrr rrrrrrrrrr! Acabei de abrir o arquivo de uma matéria que escrevi para uma revista semanal de informação, para fazer uma última revisão, porque preciso enviar amanhã. E, surpresa: só encontrei o primeiro parágrafo. Estou aqui, aos prantos. Me deu um trabalho enorme escrevê-la, foi cansativo e doloroso. E, agora, dos sete mil toques, encontrei quinhentos.

* * *

O Daniel conseguiu recuperar o arquivo perdido da matéria! Estou ficando velha mesmo, viu? Meu filho de 13 anos descobriu em dois minutos o problema que eu gastei horas – e muito choro – para não descobrir. Estou escrevendo também o último texto do jornal da empresa de vendas. Vou enviar daqui a pouco, por e-mail. Provavelmente nunca mais verei as pessoas com as quais convivi nesses quase três anos. Também nunca mais verei o pagamento mensal na minha conta, o que é bem pior. Vou fazer uma prece especial à noite, pedir serenidade para enfrentar essa nova fase.

* * *

O Daniel foi com meu pai para Belo Horizonte, passar uns dias. A Vitoria foi com uma amiga para Arcos, passar a semana na casa de um tio. A casa da minha mãe está tranquila, finalmente. Eu iria para Beagá também, ver meu avô Rodrigo e minha avó Maria Lúcia. Mas estou cansada de estrada e, semana que vem, já tenho que voltar para São Paulo. Achei melhor ficar aqui, quietinha, descansando... Pelo menos descansando da estrada, porque parece que cada dia estou mais ocupada. Não devia ser o contrário? À medida que o fim da gravidez se aproxima a mulher não deveria desacelerar o ritmo? O festival está me consumindo cada dia mais e ainda tenho matérias para concluir. Sem falar no texto de um livro de gastronomia e nas coisas do bebê, que preciso organizar. Amanhã vou tirar do armário da minha mãe, no alto, peças do enxoval do Daniel que

Mãe de dois

* * *

* * *

cabelo (se tiver cabelo até completar 1 ano). Foi ela quem propôs: isso em troca de um ingresso para o camarote 1 do festival. Aceitei. Achei que gastaria bem uma das minhas cortesias. Mas estou começando a pensar que não foi assim tão bom negócio. O camarote vale pelas 12 horas de evento, com comida e bebida à vontade, e direito a assistir a 13 shows. Somando a hidratação e o corte de hoje, não chegamos a 15 minutos.

Ela disse que não existe mais essa história de hidratação de uma hora, porque os produtos são excelentes, eficientes, com alta tecnologia, blá-blá-blá. E o corte é sempre rápido. Mesmo diante dessas explicações técnicas, estou com a sensação de ter saído no prejuízo. "Luíza, não dá para você colocar um emplastro no meu cabelo e fingir uma hidratação por, pelo menos, meia hora?", perguntei. "Não, não dá." Estou tentada a renegociar a troca: anoto num caderninho o tempo que ela gasta com os procedimentos capilares até completar as 12 horas dos shows. Nesse ritmo, vai dar muito mais do que um ano, o que vem a calhar para mim daqui para a frente, com criança pequena e muito necessitada de ficar bonita ou, no mínimo, bem-cuidada.

* * *

Minha madrinha (que é bastante conservadora, na minha leiga opinião – não aposta muito em chás, preparos, benzeções e simpatias) me apareceu com uma solução suspeita para o maior inimigo desse meu último trimestre de gravidez: a azia.

– Coloca um tijolo embaixo da cama – ela disse.

Eu já pratico a recomendação do meu pai, também médico, de levar uma bacia de água para os quartos em períodos secos. Tem uma grande lógica científica para a medida, que é umedecer o ambiente – e funciona. Fiquei pensando e não consegui descobrir a relação do tijolo com a queimação no estômago. Foi então que ela explicou:

– Não é embaixo da cama, Maria, é nos pés da cabeceira, para a cama ficar inclinada.

– Ah, entendi.

Entendi, mas não consegui encontrar uma maneira de convencer o Felipe a compartilhar comigo a experiência. Não sei até que ponto ele está disposto a dormir inclinado ou correr o risco de o tijolo espatifar no meio da noite e interromper o seu sono tranquilo... Será que dá certo se eu colocar o tijolo só no pé da cabeceira do meu lado da cama?

***

Mudei de ideia e resolvi vir para Belo Horizonte, visitar meus avós. Algumas horas a mais de estrada na minha vida não vão fazer tanta diferença. Cheguei na hora do almoço. Peguei um táxi na rodoviária, e o taxista era tão bonzinho que conversamos bastante durante a corrida. Um senhor muito simpático. No final, antes de me despedir, perguntei o nome dele.

– Antônio – respondeu.

Senti uma satisfação particular por ser o nome que escolhemos para o nosso bebê. Foi pensando nesses Antônios – da labuta, da vida diária – que fizemos a escolha. Contei ao taxista que meu filho será seu xará. E ganhei um desconto na corrida.

* * *

* * *

✳ ✳ ✳

Enxoval do bebê parte 2 (adereços)

-
-
-
-

bertor para cobrir. Qual a diferença?)
- 10 babetes (?)
- 1 aspirador nasal (eu não usei isso no Daniel...)

Os outros itens eu consegui compreender e alguns são mesmo importantes (segundo a minha experiência, que é a única que eu tenho). Mas as quantidades são um pouco exageradas, ainda mais para uma pessoa como eu, econômica nesses termos. Guardei a relação. Pode me ajudar a conferir o que falta e o que eu já tenho. E o que já tenho é fácil de listar:
- 1 carrinho
- 1 bebê conforto
- 1 berço
- 1 cadeirão de papinha
- 1 banheira com suporte
- 3 conjuntos de roupas de cama
- 3 cobertores
- Paninhos, lencinhos, fraldinhas variadas...
- 6 pares de meias
- 4 macacõezinhos de manga comprida
- 1 macacãozinho de manga curta
- 5 bodys de manga comprida
- 4 bodys de manga curta
- 6 calças
- 1 conjuntinho azul lindo
- 1 pacote de fralda descartável tamanho recém-nascido (uma miséria, eu sei, mas ainda vou fazer o chá de fraldas)

Ah, e as importantíssimas conchas para os seios! Como eu tinha muito leite quando o Daniel nasceu, essas conchas foram uma bênção. Não deixavam meus seios ficarem cheios demais e ainda ajudavam a juntar leite, para guardar e congelar. O único problema era quando eu me esquecia das benditas conchas e deitava, derramando leite pelo pescoço, roupa e chão afora...

P.S.: Estou num bom caminho para completar o enxoval no quesito adereços!!!! Meio caminho andado, graças a Deus!

* * *

Voltei para Três Pontas de carona com a Wanda, mãe da Dolores, minha amiga mais antiga. Ela é um ano mais nova do que eu. Mesmo com a diferença de idade, fomos colegas de classe na escola. Na época, era costume pular o pré-primário. Minha mãe não só não me deixou pular o ano, como me matriculou no que ela achava mais apropriado. Com isso, fui a aluna mais velha de todas as minhas turmas. Conheço a Dolores desde que ela nasceu. Mas, atualmente, nos encontramos pouco. Por isso, fiquei muito feliz de pegar carona com a Wanda e saber da novidade: a Dolores também está grávida! Estava tentando engravidar há algum tempo. Tem enjoado muito, a mãe dela contou. No mais, está felicíssima pela expectativa de se tornar mamãe. Que bom, nossos filhotes poderão brincar. Se bem que, com o pouco que nos encontramos, não sei não. A Keula, outra grande amiga, teve um filho um ano depois de o Daniel nascer. Morávamos em Três Pontas e, por sermos muito novas, não tínhamos grandes preocupações. Ainda assim, nossos filhos brincaram pouco, menos do que gostaríamos.

***

Depois da temporada em Três Pontas, estamos nos readaptando ao ninho paulistano. Primeira notícia: as notas do Daniel vieram piores do que no bimestre anterior. Não perdeu média, mas ele é um menino inteligente, então, a gente fica no pé. Abaixou de oito, o Felipe passa a acompanhar de perto, corrigir as lições, vigiar os horários. O Daniel é um amor de menino (sou suspeita, eu sei, sou mãe...), mas está naquela fase da malandragem pré-adolescente. Se a gente não prestar atenção, fica difícil recuperar.

Além disso, estou tentando colocar a casa em ordem. Esta semana, a Paula mudou para um apartamento que alugou com uma amiga, perto daqui de casa. Estou feliz por ela, porque é bom ter o nosso espaço. Com ela, desapareceram algumas malas e ganhamos espaço. Também estamos dando fim a um móvel velho, brinquedos com que o Daniel não brinca, objetos estragados ou sem utilidade, para organizarmos a casa para receber o bebê. (Hoje a Dani telefonou de novo, dizendo que tem mais roupinhas de presen-

* * *

— Moça, a visita chega hoje. Daqui a três dias não serve.

A moça foi inflexível. Então, resolvi tomar as minhas próprias providências. A loja fica a dez quarteirões da minha casa. No meio do caminho, é a escola do Daniel. Peguei o colchão, levantei, segurei, pesei.

— Pode deixar, moça, eu mesma levo.

Saí com o colchão nas mãos, pensando: "É só um colchão." O problema é que não era só um colchão. Era grosso, não enrolava e, apesar de leve, foi uma dificuldade imensa andar com ele pela rua. Coloquei em pé, na minha frente, e fui andando com a cabeça de esguelha. De longe eu devia parecer um colchão ambulante ou um personagem de pegadinha de programa de auditório. Fiquei exausta. Como faltavam dez minutos para acabar a aula do Daniel, encontrei uma solução: passei pela escola, encostei o colchão na parede, sobre a calçada, e fiquei esperando. Quando ele saiu, todo alegre, querendo chamar um amigo para ir em nossa casa, eu disse, baixinho:

— Hoje não, e é melhor você vir rápido e quietinho, porque vai me ajudar a levar um colchão.

Primeiro ele fez cara de quem não acreditava. Depois, enfiou a cabeça no pescoço e me ajudou. Foi bem mais fácil. Eu levava pela frente e ele atrás, como se carregássemos uma maca de hospital. Depois disso, ele desistiu de sentir vergonha de mim.

Sei que errei bastante com o Daniel, como mãe, e acertei também. Espero tentar corrigir os erros com o Antônio. Mas algumas coisas não mudam.

❋ ❋ ❋

O caminhão que trouxe a mudança da Paula para São Paulo passou aqui em casa para levar entulhos para Três Pontas. Um sofá que não coube quando mudamos e que ficou esse tempo todo no quartinho da área de serviço. Brinquedos velhos do Daniel, roupas para dar, caixas velhas de isopor. Esta semana preciso comprar a cômoda para o bebê e resolvi – já que o caminhão veio buscar as coisas – comprar também uma cama e uma escrivaninha para o Daniel. A cama quebrou com um visitante há uns três anos. Um amigo nosso emprestou outra para quebrar o galho. É um móvel ótimo, mas tem um coração na cabeceira. É bom, porque ajuda o Daniel a não ligar para essas coisas. Mas era um improviso que estava durando tempo demais. Sobre a escrivaninha, a dele é de criança pequena e ele não cabe nela. Está difícil para estudar. De toda a mobília do quarto, só ficou a estante. O resto foi embora na mudança. Passamos a manhã toda por conta da função. Por estes dias o Daniel vai dormir no colchão até a cama nova chegar. Esta semana vou sair com ele, sem falta, para olharmos os móveis. Uma cama, uma escrivaninha e a cômoda do bebê! Ai, ai, vou ter que enfrentar essa maratona sem o Felipe, que vai embora para Três Pontas na segunda.

* * *

Depois de pelejar com a mudança, fomos na feirinha da Benedito Calixto. Distribuí alguns flyers do festival. Por estar grávida, as pessoas ficam com pena de não pegar o papel. Alguém deve ter pensado: "Coitada, tão grávida e entregando panfletos. Deve mesmo estar precisando trabalhar..." Era o que dizia a cara das pessoas. Estava vendo a hora de alguém vir me oferecer um prato de comida ou, quem sabe, uma ajuda para um emprego melhor. Não me incomodo. Diz o vô do Felipe – e a sabedoria popular – que o porco só engorda com os olhos do dono.

* * *

Era Dia dos Pais. Joana não falava com o pai desde a adolescência, desde o dia em que ele saiu de casa. Ele chegou a procurá-la algumas vezes, mas ela não quis saber. Estava magoada demais para conversar. Tinha sofrido a dor do abandono, imensa do tamanho do mundo. Um dia, a mãe e o pai decidiram se separar, e o pai, simplesmente, foi embora. Tudo bem que não quisessem estar casados, mas ele tinha obrigação de ficar por perto, ser presente, estar junto aos filhos. Ele foi para longe, onde conseguiu trabalho. Não era desculpa. Joana tinha razão, se ele quisesse, mas quisesse mesmo, teria mantido contato. No começo, telefonou, algumas vezes. Foi até buscar os dois filhos para passar um fim de semana com ele, na terra nova. Depois, com o passar do tempo, a convivência se perdeu. Mudaram-se os números de telefone, os endereços de e-mail, as casas, os planos. De vez em quando, muito de vez em quando – geralmente uns dois dias depois do aniversário dos filhos –, o pai telefonava para a casa da mãe, para ter notícias, dar parabéns. Joana não atendida ou, se atendia, falava o mínimo. Obrigada, um abraço, tchau.

Era Dia dos Pais. Havia 12 anos Joana não tinha a quem dar o seu abraço, e o seu amor. Tinha, mas era como não tivesse. Havia 12 anos, todos os segundos domingos de agosto, Joana segurava o telefone, pensava, sofria, mas não ligava. Queria muito telefonar. Dizer apenas: "Feliz Dia dos Pais." No fundo, ela queria mais do que isso. Queria dizer que, apesar de tudo, ainda se lembrava dele. Apesar das mágoas, da distância. Porque ele era o seu pai. Ele havia sido presente, constante, nos primeiros 15 anos da sua vida. E, por maior que fosse a distância e por maiores que fossem os problemas, ele ainda era o seu pai. Joana não ligou. Dessa vez, foi o telefone dela que tocou. Era a mãe. Havia recebido um recado. Naquela manhã, o pai havia saído para comprar um cartão de telefone. Atravessou a rua e não viu o caminhão. Não voltou. Nem voltaria, nunca mais. Joana, com o telefone nas mãos, chorou.

* * *

Neste Dia dos Pais, envio o meu abraço e o meu pensamento para todos os pais, mas também para os filhos. Um abraço querido no meu pai, com quem convivo menos do que gostaria. Um abraço no Diego, marido da minha mãe, que me abraçou como filha desde o primeiro momento em que chegou à nossa casa. Um abraço nos meus queridos avós, que ajudaram a me criar. Um abraço no pai dos meus filhos. E nos meus filhos, para que sejam, no futuro, bons pais. Nos meus tios e em todos os pais – e filhos. Principalmente nos pais que não convivem com seus filhos e nos filhos que desistiram de conviver com seus pais. Porque não há nada mais triste que a vontade de dizer algo e deixar passar, até que, um dia, não seja mais possível dizer. As palavras não ditas são as que mais fazem falta ao coração (de quem ouve e de quem fala).

* * *

O Daniel disse que não estou grávida, estou gôrvida...

* * *

No último domingo tive um acesso de desespero. Estou com 33 semanas e se o Antônio vier no mesmo ritmo em que o Daniel, nasce daqui a DUAS semanas. Sei que cada gravidez é diferente e estou plenamente convicta de que esse bebê vai nascer no prazo certo. Pelo sim, pelo não, é melhor deixar tudo pronto. Aí é que vem o problema: o que falta arrumar? TUDO. Como não teremos um quarto exclusivo para o Antônio por enquanto, o jeito vai ser improvisar. O berço vai ficar ao lado da nossa cama, minha e do Felipe. Nos dois primeiros meses, ou três, é até bom, porque a gente precisa acordar a noite toda, dar de mamar, vigiar o bebê (para ver se está respirando... Levante a mão a mãe que nunca fez isso? Nunca colocou o dedo perto do nariz do filho para ver se estava saindo um arzinho...?).

No nosso quarto só cabe o berço. Expliquei para o Daniel que a cômoda do Antônio vai ficar no quarto dele. Que cômoda? A que pretendo comprar amanhã!!!

* * *

Passamos a tarde andando atrás dos móveis na Teodoro Sampaio. Eu e o Daniel. Fomos de loja em loja, olhando e pesquisando preços. Me empolguei e comprei um gaveteiro, uma cadeira e uma estante para fazer jogo com a cama e a escrivaninha. Combinando com o restante da mobília, compramos a cômoda. O Daniel saiu no lucro e ganhou um quarto inteirinho novo. Está radiante, tanto que até fico com pena. Ele vai fazer 13 anos este mês e nunca teve – depois que deixou de ser bebê – um quarto arrumadinho. Bom, aproveitei e comprei a cadeira de computador que meus tios me deram de aniversário (espero que eles se lembrem disso quando eu mandar a fatura do cartão de crédito). O que era para ser só a cômoda do Antônio virou uma mudança completa.

Em frente à loja da cadeira do computador havia uma loja de roupas de bebê. Entrei. Em dez minutos comprei o que achava que estava faltando: bodys, calças, meias e um macacãozinho de recém-nascido, para o caso do Antônio nascer antes da hora. Ah, e mais dois pacotes de fraldas tamanho RN.

***

Há um mês mais ou menos, achei por bem diminuir minhas aventuras ao volante e, semana passada, parei de dirigir. Estava difícil andar de carro como uma simples passageira. Colocar o cinto de maneira a não ficar sobre a barriga é uma ginástica que até serve de desculpa para o fato de eu estar uma completa sedentária. O meu máximo de metros por dia é do quarto para o computador ou para a cozinha. Esta semana, como o Felipe está em Três Pontas, trabalhando, estou indo buscar o Daniel na escola, a pé. São quatro quarteirões, e as batatas das minhas pernas estão doloridas como se eu tivesse entrado em uma academia.

Apesar desse sedentarismo preguiçoso, vou continuar evitando sair de carro. Dirigir, nem pensar. Está difícil passar a marcha, por causa da barriga, e acho que estou mais distraída. Sou naturalmente avoada para dirigir, embora eu seja uma excelente motorista quando estou atenta (o que é meio raro). Quando estou alerta faço balizas perfeitas – o que me surpreende, levando em conta a minha noção de espaço limitada.

No geral, sou lerda. Bati algumas vezes, batidas leves, por distração. A primeira vez, eu tinha 18 anos. Estava dirigindo o Fiat 147 da minha mãe e me animei com o barulho do motor. Comecei a cantar "Era um garoto, que como eu, amava os Beatles e os Rolling Stones", dos Engenheiros do Hawaii. Estava na parte do "tá tá tá tá tá, tá tá tá ta tá", animadíssima, quando me esqueci da esquina e da placa de PARE. Bati no carro que vinha na preferencial.

Há pouco tempo, fiz um dos meus cúmulos de distração ao volante. Foi na estrada. Íamos de São Paulo para Três Pontas, pela Fernão Dias, eu, o Daniel e a Vitoria. Faço esse percurso um trilhão de vezes, ou seja, conheço o caminho de cor e salteado. Quando passamos por Pouso Alegre, eu disse: "Bom, daqui a pouco é o trevo de Varginha." Vinte minutos depois, apareceu a placa "Entrada para Monsenhor Paulo a 5 km". Meu primeiro pensamento foi:

– Uai, Varginha parece ser tão maior que Monsenhor Paulo... Engraçado terem trocado a placa.

O trevo foi se aproximando e achei esquisito. Eu me lembrava de que na entrada para Varginha havia uma estátua do Pelé (porque o trevo é no município de Três Corações, terra natal dele), um posto de gasolina e duas ou três fábricas grandes. Pensei:

– Que coisa estranha... Por que será que tiraram a estátua, o posto e as fábricas? Será que teve algum problema de alvará, essas coisas? E tiraram em tão pouco tempo?!...

Detalhe fundamental: eu tinha ido a Três Pontas na semana anterior. Apesar de confusa, dei a seta e entrei no trevo, sob a indignação do Daniel, dizendo que não era ali. Dirigi cerca de 10 quilômetros, muito desconfiada, até o asfalto virar estrada de paralelepípedos. Aí, não tinha mais como continuar insistindo na minha imaginação. Dei a volta e retornei à Fernão Dias. O trevo certo apareceu 60 quilômetros depois.

Se eu já sou lerda na direção, em situação gestante, então, melhor desistir de dirigir. Grávida no volante, perigo constante.

P.S.: Quando eu tinha 14 anos fui visitar meu pai durante as férias. Desci para fazer qualquer coisa no térreo do prédio. Voltei, peguei o elevador, apertei o número referente ao andar, saí, abri a porta do apartamento (que estava destrancada), entrei na sala e sentei. Gastei uns dez minutos reparando na mobília e na decoração. Fiquei fascinada com a empresa de mudança, porque só uma empresa muito boa conseguiria trocar todos os móveis e objetos durante os 15 minutos que eu havia ficado fora. Estava assim, encantada com a eficiência, quando um homem, completamente estranho, veio do corredor dos quartos em direção à sala. Foi só então que comecei a pensar na possibilidade de ter entrado no apartamento errado. Levantei assustada. Pedi desculpas e saí.

***

O maior prazer de estar grávida, para mim, é sentir o bebê mexer. Há momentos em que não é uma sensação nada romântica. Agora, por exemplo, na 34ª semana, às vezes sinto um redemoinho aqui dentro. Não sei, não. Acho que meu sonho de infância, de ser ginasta olímpica, foi repassado ao meu filho e ele está treinando as técnicas de contorcionismo e malabarismo desde o útero. Sinto chutes e empurrões, ao mesmo tempo, nas duas laterais da minha cintura, na bexiga e no estômago. Sem falar no ovo que se forma debaixo do umbigo. Olhei e rechequei o ultrassom e vi, muito bem visto, que ele tem duas pernas e dois braços. Mas, sinceramente, chego a pensar que só um bebê com muitos braços e pernas pode fazer o que ele faz.

Além desse prazer há outros prazeres secundários. E estou com saudades deles. O principal: ficar livre do absorvente. Não sei como as mulheres das propagandas e da vida normal conseguem andar, correr, trabalhar, sentar, sorrir com dentes brancos lindos e cabelo impecável sem o dito-cujo sair do lugar. Eu tentei de tudo. Várias técnicas para colar direito na calcinha. Vários tipos de calcinha. Várias tipos de absorvente. Nada funciona muito. É só ficar com ele por mais de uma hora e sai do lugar, suja, faz bagunça. Parece um filme de terror. Além de vazar quando não deveria, quando não se tem outro por perto, quando se está no meio de um congestionamento quilométrico na estrada, e de carona. (Será que sujou o banco do carro?, você pensa apavorada, disfarçando para ninguém perceber, suando frio para não ter uma surpresa ao se levantar.) Daqui a alguns dias – ou meses, se eu amamentar direitinho –, ela vai voltar. Fazer o quê? Me conformar. Ou tomar uma injeção, mas ainda não me sinto à vontade com a ideia de usar desse artifício para interromper a menstruação, por pior que seja.

O outro prazer que não quero nunca mais perder é o de ser pajeada. É muiiitooo bom ter as pessoas fazendo coisas para agradar você, principalmente o marido. Ele releva coisas que normalmente não relevaria, faz tudo (quase tudo) o que eu peço, sem falar no melhor: eu não preciso fazer nada que eu não queira ou que seja cansativo fisicamente. Nesse sentido, a gravidez podia durar para sempre! Quem sabe eu consigo demonstrar para o Felipe que o meu espírito se acostumou ao estado gravídico de tal maneira que serão necessários alguns anos para que me dissocie dele. Será que ele acredita?

***

Hoje tive consulta de pré-natal no Hospital das Clínicas e, depois, fiz o ultrassom. A consulta foi às 8h30. Levantei às 6h30, providenciei o andamento de várias coisas de trabalho por e-mail e dei remédio para o Daniel, que está com dor de garganta, de cama, sem ir à aula. Quando achei que todo mundo ia cuidar de mim, tive que ficar aqui em São Paulo, cuidando de mim, do meu bebê, da reta final da gestação, da arrumação do quarto novo do Daniel, das coisas do Antônio, da casa e, ainda, da minha parte do festival que, neste momento, corresponde ao atendimento aos artistas, ao patrocinador e também à divulgação. Meus dias de princesa do lar acabaram.

Fui para a consulta a pé, e até que me atenderam rápido. Maravilha, estava tudo perfeito! A médica (dessa vez uma médica) mediu e remediu duas vezes a minha barriga. Está no tamanho normal, mas continua dando a impressão de estar menor do que deveria. O ultrassom estava marcado para 12h30. Ficar lá esperando?, como todas as outras pacientes grávidas? Nem pensar. Dei graças a Deus por morar perto. Voltei para casa, trabalhei mais um pouco, dei atenção ao Daniel, almocei e, então, voltei ao hospital.

A minha vez do ultrassom, ao contrário da consulta, demorou a chegar. Cochilei na cadeira e sonhei com o Felipe dançando sem camisa com uma morena bonita (será que é porque estou sem ele aqui, e me sentindo uma pata choca?). Uma hora e meia depois, o médico me chamou. Eu estava tranquila, esperando que tudo estivesse da mesma maneira e que o Antônio estivesse como estava até aqui, sentado como um rei.

— O meninão está encaixado — disse o médico.
— Encaixado como?
— Cefálico.
— ???
— De cabeça para baixo, pronto para nascer.

Fiquei muda, apavorada. Sempre quis ter parto normal, tanto que fiz a loucura de tomar o vidro de óleo de rícino na gravidez do Daniel, para ver se ele virava. Mas estava conformada com o fato de o Antônio também estar sentado e com a probabilidade de outra cesariana. Não me sentia muito pertencente ao grupo das mulheres abençoadas que expelem o filho como manda a natureza. Com a notícia, pensei que fosse chorar de alegria. Sinceramente? Me deu um frio na barriga. Eu não estava preparada psicologicamente para essa possibilidade. Se eu entrar em trabalho de parto e continuar tudo tranquilo, explicou o médico, não há indicação nenhuma para cesariana. Será que eu dou conta? Será que vai ser difícil? Será? Será? São medos bobos, eu espero, porque nem sei se terei as condições para o parto normal. Tudo vai depender da hora em que tiver de nascer. Se antes o parto normal era um assunto com o qual eu não me preocupava, agora não sai da minha cabeça. Para agravar a minha tensão, vi um filme no último fim de semana em que a coitada da grávida quase virou do avesso para ter o filho.

※ ※ ※

Estava trabalhando no computador, quando todo e-mail que eu tentava mandar travava. Fiquei nervosa, porque tinha mil coisas para resolver (estou ficando especialista em descascar pepinos). Para ficar sentada o dia todo em frente ao computador tenho ficado com o corpo inclinado para trás, por causa da barriga. Com isso, estou ganhando uma dor tremenda no cóccix. Pareço uma senhora de idade andando de pernas abertas, sentando de lado para almoçar e gemendo para levantar da cama. Fora quando preciso abaixar para pegar alguma coisa. No meio do caminho fico sem saber se vou conseguir acabar de descer ou se conseguirei levantar depois. Queria passar o dia todo deitada, vendo meus programas de detetive que há três semanas não consigo ver, de tão ocupada que estou. Quero – e preciso – acabar de arrumar o quarto do bebê (quarto não, né, coitadinho, porque ele não tem um quarto exclusivo). O Felipe vem esse fim de semana e vou esperá-lo para montar o berço. Não vejo a hora de ele vir. Estou me sentindo um pouco abandonada.

Pois bem, estava no computador quando tive uma surpresa reveladora sobre mim: nessas tentativas de mandar o e-mail, depois de ficar furiosa, vi uma mensagem cor de goiaba no topo da página da internet. "Você esgotou a sua capacidade do Gmail", dizia. "O quê?" "Como assim? O Gmail não é ilimitado?" Fiquei angustiada. Uma pessoa que consegue esgotar a capacidade gigantesca de armazenamento do Gmail é alguém que recebe e envia MUITOS e-mails, ou seja, alguém que tem uma vida virtual agitada. No mesmo raciocínio: quem tem uma vida virtual movimentada não deve ter lá uma vida social no mesmo ritmo. Se dois corpos não podem ocupar o mesmo espaço, a regra pode ser aplicada aqui: uma mesma pessoa não pode ter uma vida virtual e uma vida social movimentadas na mesma proporção. Ou pode? A não ser que eu seja mágica, acho que andei pegando pesado. O trabalho, na minha opinião, não pode ocupar o lugar principal na vida. Ainda mais agora, quando vou ganhar nenê (meu primo T. acha terrível eu falar "ganhar bebê", ele disse que a gente não ganha bebê de presente, a gente tem o bebê. Para mim, não tem diferença)! Enfim, preciso dar uma respirada e uma repensada... O que será que o Felipe e o Daniel pensam dessa minha vida virtual? Será que eles acham que estou trabalhando muito? Tenho até medo de perguntar.

Estou meio esgotada, naquele estado em que, nem que não estivesse grávida, estaria prestes a parir um filho!

***

Entrei na 35ª semana, a exata semana em que o Daniel nasceu. Estou tentando deixar tudo preparado (embora o doutor tenha dito que nada indica, por enquanto, que o Antônio vá nascer antes). A mobília do quarto do Daniel chegou, a cômoda do Antônio também, e só falta mesmo montar o berço. Neste último mês, vou ficar entre São Paulo e Três Pontas. Então, melhor seguir a sugestão da minha tia Betina: deixar a mala da maternidade pronta, dentro do carro. Peguei uma dessas listas na internet e a usei como base, com algumas observações para adequá-la à minha realidade. Tem itens demais, mas também não vi como diminuí-los muito. Volto a dizer: é inimaginável pensar que um bebê que durante nove meses precisa apenas de uma barriga para sobreviver depois precise de tanto. Vamos à lista:

Sacola da mamãe
- 1 pacote de absorvente próprio para pós-parto *(A menstruação vai voltar traumática assim, com fralda?)*
- 1 chinelo de quarto *(O.K.)*
- 3 jogos de camisolas que sejam de fácil manejo para a amamentação *(Nem pensar. DETESTO camisola. Sinto frio na cintura e ela sobe quando estou deitada. Mesmo que seja cesárea e eu tenha pontos, vou usar pijama e, no máximo, dois.)*
- 6 calcinhas de tamanho maior do que usava antes de engravidar *(IMPOSSÍVEL. Só se for usar calção, porque as minhas calcinhas já são enormes, tipo calçolas de vó, que são as mais confortáveis – coitado do Felipe.)*
- 1 cinta pós-parto *(Eu guardei a da gravidez do Daniel – é ótima para usar em dia de festa de gala, debaixo de um vestido justo! Deixa a cintura fininha.)*
- 1 roupa para o dia de alta *(Um moletom, por favor, e um par de tênis.)*
- 2 sutiãs de amamentação *(Isso eu não tenho ainda.)*
- protetores de seios *(Vou substituir pelas conchas mágicas de amamentação!!)*
- máquina fotográfica *(Vou deixar isso para a minha mãe.)*

- produtos de higiene pessoal: escova de dentes, escova de cabelos, xampu, sabonete, creme dental, toalhas... *(Ótima lembrança, porque eu vivo me esquecendo de colocar essas coisas na mala quando viajamos.)*

Sacola do bebê
- 1 creme para prevenção de assaduras *(o.k.)*
- 1 pacote de fraldas descartáveis (tamanho recém-nascido) *(o.k., já tenho.)*
- 3 conjuntos tipo pagão com calça. *(Perdão, dona lista, mas vou substituir por body com calça, certo?)*
- 3 conjuntos de lã de acordo com o clima *(Minha sogra fez um lindo conjuntinho e o clima é do tipo "indefinido". Se nem sei em que estado brasileiro o bebê vai nascer, como posso confiar no clima? Melhor pensar em frio e calor.)*
- 3 macacões de recém-nascido *(Tenho um lindo, dois, na verdade, preciso de mais um.)*
- 2 lençóis de bercinho *(Uai, para a maternidade?)*
- 1 manta (de acordo com a estação) *(o.k.).*
- 6 fraldas de pano (brancas, sem pintura) *(o.k., tenho umas que até foram do Daniel e outras novas.)*
- 1 escovinha macia para cabelos *(Ops, preciso comprar.)*
- 2 sapatinhos e luvas de lã (no frio) *(o.k.)*
- lembrancinhas *(Sinto muito, não vou providenciar isso. A não ser que alguém providencie para mim.)*
- enfeite de porta *(Nem isso.)*

Esta é a lista mínima, fica a critério de cada um o que desejar levar a mais. *(Meu Pai, qual será a lista máxima?)*

* * *

Há dez dias eu e o Daniel estamos sozinhos aqui em São Paulo. Hoje o Felipe vem e acho que minha mãe também. Nem acredito! Estou contando as horas. Amanhã é aniversário do Daniel. Ele vai fazer 13 anos. Ontem, para dar início às comemorações, fomos fazer um programa de "mãe e filho". Fazemos programas, mas, desde as férias escolares dele, em julho, não fazemos nada só nós dois. Primeiro porque, obviamente, ele não queria saber de fazer nada comigo nas férias, com um milhão de amigos. Depois, porque ficamos nesse vaivém entre São Paulo e Três Pontas e, também, tenho ficado cansada para sair.

Acordamos, preparei um café da manhã malandro (esquentei pizza do dia anterior, mas comemos fruta, para aliviar a consciência) e fomos para o shopping. Ele queria ir ao cinema. Conhecendo meu atual cansaço, sugeri irmos logo na hora do almoço, na sessão das 12h50. Assistimos a *Aprendiz de feiticeiro*, de que eu até gostei (quando era criança – e ainda hoje, de vez em quando –, ficava esperando um mago ou fada do passado aparecer na janela do meu quarto para me dizer que eu tinha poderes mágicos e me ensinar a usá-los. A vida é longa, quem sabe ele ainda pode aparecer...). Depois, almoçamos no lugar que ele escolheu, tomamos sorvete e fomos à livraria (por escolha do Daniel, o que me deixa muito feliz e me faz pensar que as centenas de vezes que o levei obrigado à livraria não foram em vão). Não aguentei ficar por muito tempo. A barriga está pesando e estou meio gripada. Comecei a suar frio, a sentir um pouco de mal-estar e viemos embora, de táxi. Quando cheguei em casa, ainda iria com a Paula em um evento de blues em Moema, distribuir folhetos. Desisti do programa. Dei o material para ela ir com uma amiga. No sábado, eu já tinha distribuído MUITOS folhetos em um show no Parque do Ipiranga.

A Paula saiu e eu continuei meu programa de "mãe e filho", assistindo com o Daniel a um jogo do Cruzeiro. Depois lanchamos, conversamos mais, planejamos o aniversário dele e deitamos para dormir. Rezamos juntos, como normalmente fazemos, pedi que ele tivesse um maravilhoso e tranquilo último dia de 12 anos. Ele dormiu rápido, e eu fiquei um tempo acordada, olhando para o meu filho, pensando na alegria que tem sido ser mãe dele nos últimos 13 anos e oito meses (porque conta desde o útero). Fiquei pensando em tudo o que fiz de errado ou deixei de fazer, no que ainda quero fazer por ele, no quanto é imenso esse amor no meu coração. Entre erros e acertos, me sinto realizada, porque consegui ser uma mãe presente. Passei – passo – bastante tempo com meu filho, e não só nas horas vagas entre as obrigações. Isso por ter a felicidade de trabalhar com algo que me permite ser flexível, ficar em casa. O que, por outro lado, pode ser um grande problema nos próximos meses, quando vou ter outro filho, a despesa será ainda maior e não terei licença-maternidade, por ser freelancer. Se não trabalho, não ganho. Mas isso é uma preocupação para outro dia. O que importa, hoje, é que estou muito feliz por ser mãe desse rapazinho encantador e por ter mais um filho a caminho.

***

Fizemos um lanche de comemoração pelo aniversário do Daniel! Ele ficou tão feliz. Minha mãe veio de Três Pontas com o Felipe, trouxeram sodinha (um refrigerante de abacaxi delicioso), bolo de amendoim com morango e cobertura de brigadeiro branco. Eu fiz uma panela de brigadeiro. E ele levou tudo para a escola, para comemorar com a classe no recreio. Depois, eu e o Felipe o buscamos mais cedo na escola e fomos ao shopping comprar o presente: o jogo Fifa South Africa para PlayStation 3. De tarde, vieram a Paula, a Alexandra, o Du, o Cabeto e a Anna, para dar os parabéns. Passamos o final da noite planejando a festa do Daniel em Três Pontas, que seria no fim de semana.

Lembrei de quando ele era um bebezinho tão pequeno que até apertava o coração. O parto do Daniel foi complicado, depois precisou de banho de luz por causa da icterícia. Ficava peladinho, só com um protetor nos olhos. Chorava pouco, quase nada. Mas, quando chorava, eu dava meu dedo para que ele pudesse segurar e se acalmar. Queria tanto pegar meu filho no colo, abraçá-lo, fazê-lo se sentir protegido. Quando saiu do banho de luz, pude sentir meu coração de mãe cheio, farto de tanto amor por aquele menininho. Eu tinha 19 anos, muito pouca experiência, muito pouca noção do mundo, mas eu soube, desde a hora em que ele nasceu, que aquele era o maior sentimento que poderia haver no mundo.

* * *

Depois do aniversário do Daniel em Minas, voltamos para São Paulo nesta segunda-feira pela manhã e, agora à noite, a Paula veio lanchar aqui em casa. Chegou às 19h30, exausta.

Contou que estava saindo atrasada do trabalho, morrendo de cansaço e fome, quando passou pela sala ao lado e viu que a colega grávida estava mostrando para duas outras colegas o vídeo do ultrassom do seu primeiro filho, que vai nascer em outubro. Minha cunhada disse:

– Que gracinha, parabéns!

Ela disse isso só mesmo para alegrar a futura mamãe, porque nem tinha entendido direito a imagem em preto e branco no monitor. Estava juntando as coisas na mesa dela para ir embora, quando a colega chegou com o CD do ultrassom nas mãos.

– Trouxe para você ver. Naquela hora não deu para você ver direito.

A pobre da minha cunhada (que tem 26 anos e cujos sonhos ainda não incluem o anseio pela maternidade) teve vontade de cavar um buraco no chão e sumir. Não fez isso. Sorriu, ligou o computador de novo e colocou o CD. Durante os 15 minutos seguintes ficou assistindo ao ultrassom e ouvindo (sem ouvir) as explicações da mãe sobre o diâmetro da cabeça do filho e de como isso ajudava a prever a data provável do parto.

Eu disse para ela que, se fosse comigo, teria falado, de maneira delicada: "Ah, não, obrigada, eu não tenho paciência para ver essas coisas no computador." Com essa história de fotografia e vídeo digital e slideshow na televisão, eu sou a primeira a recusar os programas do tipo: sessão televisiva de "casamento", "batizado", "formatura", "aniversário", "minha viagem megalegal de férias", "ultrassom do meu primeiro filho". Até hoje não consegui assistir ao vídeo do meu próprio casamento, e olha só, estou falando do MEU casamento. Antes, eu ficava sem graça e enfrentava o suplício. De uns tempos para cá, perdi a vergonha. Recuso educadamente e de maneira nenhuma, em nenhuma hipótese, faço convite semelhante a uma visita.

Slideshow na televisão ou no computador e vídeos familiares são lindos, e eu mesma tenho um monte deles. Apenas para a pessoa envolvida (ou envolvidos). Não empolga o visitante. É algo para a gente ver quando for velhinho ou estiver saudosista. Ou, ainda, para deixar aos nossos filhos. Portanto, por favor, adoro fazer visita, tomar café, conversar, ver fotos de papel em álbuns fotográficos (porque aí, dá para passar rápido as páginas que não nos interessam e gastar mais tempo naquelas que chamam a nossa atenção). Mas, por favor, não me chamem para programas "a história da minha vida em foto e vídeo". Não dou conta de assistir nem à minha.

Justo eu, que escrevo quase todo dia, fiquei uma semana sem escrever. Não tem justificativa, mas a explicação é simples: falta de tempo. Vim semana passada para Três Pontas, porque o festival começa dia 8, quarta-feira que vem, e vai até dia 12, domingo. Vim pensando em trabalhar um pouco, descansar bastante, escrever, cuidar da gravidez. Cheguei no sábado e não consegui mais parar. O plano era vir sexta à noite. Não consegui. Eu e o Felipe ficamos até três da madrugada embalando os convites especiais de um show com lugares marcados, que faremos em São Paulo dois dias depois do festival. Nunca vi nada tão complicado.

Meu chá de fraldas era no sábado, em Três Pontas. Como vi que não conseguiria chegar a tempo, minha tia Joyce se encarregou de organizá-lo. Saímos de São Paulo na hora do almoço e chegamos às 16h30. O chá era na casa da minha avó, às 16 horas. Foram as minhas amigas, minha gigantesca família, as amigas da minha avó. Ganhei um montão de pacotes de fraldas, 56, segundo contabilizaram a Vitoria e a minha prima Clara.

Tenho escutado várias grávidas falando das maravilhas do chá de bebê (ou de fraldas), mas, também, do desgaste. Portanto, uma dica às que ainda não fizeram: peçam para alguma tia, prima, amiga, parenta ou vizinha assumirem a organização. É um verdadeiro sonho – não ter trabalho algum, se divertir muito e ganhar vários pacotes de fraldas em tamanhos e modelos variados –, e alguns meses de economia na farmácia ou no supermercado. Como são caros esses pacotes, além de contribuírem gigantescamente para o aumento do lixo no mundo. Eu procuro fazer a minha parte pelo bem do planeta, mas não sei se estou preparada psicologicamente para usar fralda à moda antiga, de pano... Por isso mesmo, estou felicíssima com o saldo geral do meu chá de fraldas.

* * *

Na casa da minha mãe está tudo pronto para receber o Antônio, se ele nascer em Três Pontas. A cômoda, algumas roupinhas, o bercinho que o avô marceneiro da minha avó Norma fez para ela...

Na segunda-feira, fui à Márcia Andréa, minha ginecologista trespontana. Ela mediu minha pressão, meu pulso, ouviu o bebê, fez o exame de toque e me pesou. Eu tapei os olhos para não ver a marca da balança. A essa altura do campeonato, não quero saber quanto estou pesando. Aparentemente, não parece que engordei, parece que é só a barriga. Eu acho que engordei uns 15 quilos, mas tenho muitas outras preocupações e vou me esquecer desse assunto. Saí da consulta tranquila. Está tudo certo e não há sinal de que o Antônio vá nascer antes do fim de setembro. Eu adoraria que ele ficasse tranquilo onde está, até o festival passar. Está uma loucura aqui.

Ontem o Bituca chegou, e passei a tarde acertando detalhes com ele para o show. O palco começou a ser montado na semana passada. Foi preciso alugar um caminhão-pipa para aguar todos os dias o terreno do local dos shows, porque não chove há tempos, o capim está feio, ralo, e o ar, seco. Na segunda-feira começam a chegar os outros artistas. Estamos nos desdobrando para atender às solicitações dos camarins e, no meio disso, preciso telefonar de um em um e explicar que, infelizmente, não tem como colocar chuveiro no banheiro, porque o camarim é uma linda e aconchegante tenda, uma vez que o evento é num pasto. Espero que não, ele não nasça antes. De todo modo, entreguei os convites do camarote para a minha ginecologista e chequei se as ambulâncias estão preparadas para o meu parto. Eu ando na rua aqui e as pessoas falam: "Será que ele vai esperar para nascer? Ah, vai nascer atrás do palco..."

Fico aqui, conversando com o Antônio (que não para de mexer), pedindo para ele ficar quietinho por enquanto, pedindo desculpas por eu não estar deitada com as pernas para cima, como deveria, descansando, dedicada apenas à gravidez e a ele. Para o meu consolo, espero que ele compreenda. Pelo menos terá muitas histórias para contar sobre a sua chegada. E estar envolto em música e em cultura não deve ser algo ruim, né?

***

Estou com 37 semanas e vou dar uma passadinha na ginecologista. Nos últimos três dias, tive contrações doloridas e, por mais que eu esteja fazendo o possível para ficar tranquila, não estou conseguindo. É um problema atrás do outro. As transações bancárias na boca do caixa, que só eu posso fazer, as coisas de última hora, as entrevistas. Um jornalista da *Folha de S. Paulo* queria entrevistar o Bituca. Expliquei que o único jeito seria vir até Três Pontas. "Como eu chego aí?", ele perguntou, porque o jornal não tinha carro disponível naquele dia. "De ônibus", respondi. Pois não é que ele concordou em vir de ônibus?! Só que não é um simples ônibus, é um Santa Terezinha – o único a fazer a linha São Paulo–Três Pontas. Só quem já andou de Santa Terezinha pode imaginar o que isso significa. Eu torci para estar um dia mais fresco. Estava um calorão. Fui à rodoviária buscá-lo e procurei um lugar para me esconder quando o cacareco do ônibus chegou, de solavanco, as janelas todas abertas e as pessoas com os braços pra fora, tentando se livrar do bafo lá de dentro.

Pelo menos dessa vez, nenhum artista importante quebrou o braço (como no ano passado aconteceu com a Rita Lee). E assim, começamos o festival sem nenhum cancelamento. Eu estou muito cansada. Nesse alvoroço todo, há três dias não tomo o sulfato ferroso. Esqueci. Vou tomar agora mesmo. Estou com a emoção à flor da pele. Dei uma entrevista ontem na televisão, ao vivo, e chorei. Quando tenho um tempinho fico pensando no meu filhinho aqui na barriga, rodeado por esta tormenta. Ontem a programação foi tranquila: cinema na praça. Hoje começam os shows. Por isso, sim, vou à ginecologista outra vez. Quero ver se essas contrações doloridas são normais. Se está tudo bem. Na gravidez do Daniel não tive nada disso. Quando vieram as contrações, ele nasceu, em duas horas. Antônio, meu querido, perdão por esse movimento. Aguente firme.

***

Deu tudo certo. O Antônio mostrou que é guerreiro, forte, como eu e o Felipe imaginávamos quando escolhemos este nome. Aguentou a loucura do festival. Nos três últimos dias eu simplesmente não tive opção a não ser ignorar o fato de estar grávida e fazer de tudo o que uma grávida não deveria. Saí correndo dos shows da pracinha na quinta-feira até chegar ao restaurante do meu tio, três quarteirões acima, para usar o telefone, porque meu celular não fazia chamadas internacionais e o Pablo Milanés estava perdido no aeroporto de Guarulhos. Fiz um tour pelas agências bancárias da cidade, correndo contra o tempo para fazer os pagamentos, aproveitando os meus últimos dias de "prioritária" nas filas. Recebi os músicos; contornei um milhão de quase encrencas com os produtores; rezei. Quando, na noite de sexta-feira, um vendaval totalmente fora de hora, época e lugar derrubou os camarins e parte da estrutura do centro de eventos, entreguei para Deus e pedi proteção. Ontem, sábado, tudo parecia dentro do programado. Estava na passagem de som do Gilberto Gil – emocionada por um dos músicos que mais admiro estar no palco que erguemos com tanto carinho e esforço –, e minha perna bambeou ao ver o Gil desmaiar e ficar pálido, amarelo. Corri atrás de socorro médico, apavorada. Foi tenso. Ele voltou para o hotel, passou a ser acompanhado durante todo o dia pelos médicos da cidade e o médico dele, por telefone. Fizeram tudo. Fizemos tudo, mas ele estava muito fraco e não pôde fazer o show. Minha frustração foi mais de fã que perde um momento pelo qual esperou muito do que de organizadora do evento. Por ser um festival com 12 shows, o público entendeu e as pessoas compareceram. Só relaxei por volta das 9 horas da noite (os shows começaram às 15 horas), depois de deixar o hotel com a certeza de que tudo estava bem com ele. Quem sabe no próximo ano? As apresentações foram lindas. Cheguei às cinco e meia da manhã e estou, agora, me preparando para acompanhar o Bituca em um bate-papo com estudantes de música e fãs. A programação ainda não chegou ao fim, só de noite. Mas o furacão passou. E o Antônio continua firme, mexendo, dando sinal de que, para ele, a vida continua bem.

***

Marquei ultrassom para segunda-feira cedo. Queria ver como estava o meu bebê, se ele havia aguentado mesmo o batente dos últimos dias. O médico olhou, olhou, mediu e, sim, disse que eu podia ficar tranquila. Era um meninão com 3,2 kg, tão encaixado na pelve que não dava para ver o perfil do rostinho. Me senti meio desesperada com a imagem da cabecinha dele presa, virada para baixo. Fiquei me imaginando naquela posição, com um espaço mínimo para me mexer. Porque ele não mexe mais, ele se ajeita. Antes eram os emocionantes chutinhos. Agora ele se ajeita inteiro, como se estivesse virando de um lado para o outro, ou se espreguiçando. Minha consciência ficou aliviada depois do ultrassom. Aliviada por minhas estripulias – meio além da conta para uma grávida de oito meses – não terem prejudicado meu filhote. Assim, aproveitei para participar do meu último compromisso profissional: um evento em São Paulo, ontem, terça-feira.

Foi bem mais tranquilo que o festival, mas o meu cansaço foi o triplo. Talvez tenha sido o clímax, a gota d'água. No começo da noite, meus dois pés estavam tão inchados que pareciam dois pães saídos do forno. Sabem aqueles pés inchados das tiazinhas ou vovozinhas que emendam os dedos com a canela e ficam parecendo uma coisa só? Estavam assim. Ainda estão. Hoje passei quase o dia todo deitada, com as pernas para cima. Os pés desincharam um pouco, mas ainda estão horrendos – e doloridos. Uma tia-avó me disse que o bebê nasce quando o pé incha pela terceira vez. Essa foi a segunda. Outra tia diz que nasce na virada da lua. Amanhã a lua vira. Mas eu acho que o Antônio ainda vai demorar uns dias para nascer. Oficialmente, faltam duas semanas. E eu bem que merecia duas semanas de descanso completo, para estar preparada para receber meu filho.

P.S.: A Márcia Andréa telefonou aqui pra casa, em São Paulo, atrás de mim. Eu tinha consulta de pré-natal e não apareci. Ela está por entender como uma grávida quase a dar à luz o seu rebento pode estar tão tranquila assim, viajando e trabalhando para lá e para cá como se carregasse na barriga uma melancia em vez de um bebê. Eu a tranquilizei, dizendo que estava só esperando meus pés desincharem para voltar para Três Pontas. Decidi ter o Antônio lá.

※ ※ ※

A lua virou e o Antônio continua aqui dentro. Parece tão bem acomodado que estou desconfiada de que ele será dessas crianças que passam da hora... Desses que o médico tem que cutucar para sair. Tadinho, deve estar pensando: Está tão bom onde estou, tão quietinho, acho que vou ficar mais um tempo por aqui. A barriga está um peso imenso e agora, definitivamente, não encontro posição para dormir. Os pés desincharam um pouco, mas ainda estão muito doloridos. Tem hora em que dói tudo: a perna, as costas, a barriga e até os cantinhos dos dedos das mãos. O bebê tem se ajeitado tanto que, às vezes, estou andando pela casa e preciso deitar correndo para esperar ele se acalmar, porque não consigo ficar de pé com ele se esticando todo dentro de mim.

    O Felipe está meio apavorado. Olha para a minha barriga e tem calafrios. Fica pensando, falando em como será que ele vai ser, em como será quando ele nascer. Parece ter se esquecido completamente de como é cuidar de um recém-nascido. Quando tivemos o Daniel, morávamos em casas separadas, ele estudava fora e vinha nos finais de semana. Me ajudava, mas não estava comigo e com o bebê o tempo todo. Agora, ele estará, e penso que a ideia de não saber o que fazer direito o está deixando nervoso. Um certo medo do desconhecido, que a gente sempre tem. Ele fica atrás de mim o tempo todo e quase entra em pânico quando me vê levantar esses dias e sentar um pouquinho no computador. Quer que eu fique deitada 24 horas por dia. Explico que estou grávida, o que é diferente de "doente". Mesmo finalmente desacelerando o ritmo e descansando, ainda tenho uns acertos de trabalho para fazer. Minha mãe e minha sogra estão aqui esses dias e ontem minha mãe tirou uma foto de mim em uma dessas minhas escapadas para o computador. Espero que o Felipe não veja. Senão, vai ser uma lereia só na minha cabeça... Coitado, ele está mais tenso do que eu. Mas talvez seja um bom sinal, sinal de que se importa. Estou escrevendo cedinho, enquanto ele não acorda. Agora acho melhor parar por aqui. Já já ele levanta.

** * ***

Viemos hoje de São Paulo. A viagem foi longa e cansativa, porque um pneu furou. Continuo exausta e meus pés ainda estão inchados.

*** * ***

Depois de uma série de dias cansativos, tirei o sábado para cuidar de mim. Sei lá, não acho uma boa ideia meu filho nascer e encontrar uma mãe com o rosto abatido, unhas com esmalte pela metade (resto de um esmalte passado há um mês e meio), cabelo ressecado, empoeirado. A sorte é que dizem que os bebês não enxergam direito. E se ele nasce superdotado de visão? Vai dar de cara com uma mãe nada bem apresentável, sem contar no bagaço que a gente fica depois do parto, seja normal ou cesárea. Pela manhã, fui à clínica estética da minha tia-prima-avó, para fazer massagem no rosto, nos pés e uma hidratação com colágeno, já que não é recomendável passar nada mais na pele, né. Depois do almoço, a Luiza hidratou os meus cabelos, que ficaram maciinhos. E, por fim, fiz as unhas dos pés e das mãos. Estou me sentindo uma princesa. Há tanto tempo não tenho um dia desses que me senti em dia de casamento ou baile de debutantes. Agora, sim, o Antônio pode nascer sem o risco de se assustar com a mãe pavorosa dele. Se demorar muito, vou fazer as unhas de novo.

p.s. 1: Os desejos, que não tive muitos no início da gravidez, agora se transformaram em uma alucinação por milk-shake de morango, picolé de salada de frutas e vitamina de banana ou goiaba com leite. Sonhei a noite toda com um milhão de picolés (pelo menos a parte do sonho de que me lembro) e, quando acordei, pedi para o Felipe comprar 17, para eu poder passar o dia com o congelador muito bem estocado.

p.s. 2: A pele da minha barriga e dos meus seios começou a coçar desesperadamente. Ainda bem que tenho médica amanhã.

❋ ❋ ❋

Fui à médica hoje à tarde, fazer a consulta de pré-natal que perdi semana passada, por estar em São Paulo, pois faltam dez dias para a data prevista para o parto. Cheguei ao consultório e a secretária perguntou:

— Você quer marcar a cesárea?

— O quê? – perguntei, sem entender.

— É, falta pouco tempo, você não quer marcar? Quase todas as pacientes marcam.

Eu agradeci muitíssimo a preocupação dela, mas disse que não. Respeito quem agenda o parto, mas eu não consigo me imaginar nessa situação. Me parece muito com agendar uma ida ao salão de beleza para fazer as unhas. "Oi, tudo bem? Você tem vaga terça que vem? Ah, tem? Então pode reservar meu horário, obrigada." E assim, no dia agendado, pego a bolsa, a malinha e me interno para parir. Não, não combina comigo. A menos que eu tivesse alguma indicação médica para tanto. Entrei na sala da Márcia Andréa avisando que não queria agendar a cesárea, para eliminar qualquer conversa a respeito do assunto. Ela riu quando fiz a comparação com o salão de beleza e concordou com a minha escolha, claro. A consulta foi rápida. Pelo exame clínico, a chegada do meu filhote ainda está longe. Nenhum sinalzinho sequer. Colo do útero alto, fechado-ultra-megalacrado; nada de contrações; batimentos cardíacos do bebê normais; pressão arterial da mãe normal, tudo tranquilo, em paz e a passos lentos.

***

São 22h44, e minha bolsa acabou de romper. Estou indo para a maternidade! Torçam por mim e pelo Antônio!

P.S.: O Felipe não acreditou que antes de ir para o hospital eu vim postar no blog...

***

Eram 21h55 de segunda-feira, dia 20 de setembro. Eu, o Felipe e minha mãe estávamos na sala de televisão da casa dela, em Três Pontas, quando resolvemos telefonar para o Daniel, para dar boa-noite. Ele ainda jurava que o irmão nasceria naquela noite. "Eu sonhei, mãe, vai nascer hoje. Se nascer, alguém tem que vir buscar eu e a tia Paula em São Paulo", ele disse, já procurando uma maneira de faltar à aula a semana toda. Desliguei o telefone com aquele sentimento comum de mãe, do tipo "que pena, o Daniel vai ficar frustrado porque hoje não vai ser". Tinha ido à ginecologista à tarde e o bebê não mostrava nenhum sinal de querer sair.

Aproveitei que o grande momento estava distante e comi três pedaços gigantescos de pizza de calabresa e um copo de liquidificador inteirinho de vitamina de frutas. Parecia que ia explodir. Era improvável caber tanta coisa dentro de uma barriga só. Mas, enfim. Comi, telefonei para o Daniel e estava pronta para assistir com o Felipe e a minha mãe a um episódio inédito de *Criminal Minds* quando me deu uma vontade desesperante de tomar banho.

– Você vai perder o começo e depois vai ficar perguntando – argumentou o Felipe.

– Não tem problema, preciso tomar um banho agora, estou encalorada.

Tomei uma chuveirada, de uns cinco minutos. Demorei mais enxugando o corpo e vestindo o pijama, porque qualquer movimento era difícil naqueles dias. Saí do banheiro, aliviada, relaxada, e deitei com o Felipe na sala. Acho que foram uns três minutos, porque nem deu tempo de terminar a propaganda e voltar ao seriado. Senti primeiro uma aguinha saindo, meio molhando a calça do pijama. Nem me assustei, porque de vez em quando sentia isso. Mas, então, veio a aguaceira.

– Ai, acho que a minha bolsa rompeu – eu disse.

O Felipe levantou apavorado. Eu fiquei de pé para comprovar e não precisei falar mais nada, porque mais uma torrente escorreu pelas minhas pernas. Minha mãe foi telefonar para a ginecologista. Eu fui para o banheiro, me limpar um pouco. Depois, fui arrumar as minhas coisas. A mala do Antônio estava pronta havia um tempão, mas a minha eu tinha desarrumado e rearrumado um monte de vezes. Peguei um pijama, a nécessaire, um chinelo e um sutiã. Esperei escorrer um pouco mais de água. Troquei de roupa e coloquei um absorvente. Antes de sair, liguei o computador para postar no blog. O Felipe e minha mãe quase ficaram bravos, mas como eu é que estava prestes a parir, então, esperaram com paciência.

Vantagens de uma cidade pequena: tudo é muito perto. O hospital-maternidade fica a uns seis quarteirões da casa da minha mãe. Chegamos em dois minutos. Depois de errar a entrada, chegamos à recepção. Eu não tinha nada preparado. O único documento era minha carteira de identidade – e o número do plano de saúde anotado em um papel dobrado, porque havia uns três meses tinha perdido a carteirinha. "Moça, posso me internar e alguém trazer as coisas amanhã?" Outra vantagem de cidade pequena: fiz a internação graças ao único documento, ao papel dobrado e à boa vontade alheia. A médica estava lá me esperando. Fomos para a sala de exame ambulatorial. Até ali eu não havia tido nenhuma contração, nenhum nada. Só a água escorrendo. Portanto, previa o que ela veio me dizer depois do exame de toque. "Vamos ter que fazer uma cesárea, não tem dilatação, o colo está alto etc. etc." Eu não sofri. Sou marinheira de segunda viagem e, por mais que tenha namorado a possibilidade de um parto normal, sabia que, depois de uma cesárea, uma cirurgia abdominal, outra de ovário e sem condições plenas, nenhum médico arriscaria a me deixar horas e mais horas em indução para trabalho de parto. "Tudo bem", eu disse, sincera e tranquila.

Segui de maca para o centro cirúrgico. Passei pelo Felipe, por minha mãe, minha avó, minha sogra e minha tia Betina. Tive um pequeno momento de pavor. Para ir do ambulatório para a sala de cirurgia, as duas enfermeiras levam a maca por uma rampa e a única coisa que segura a maca e o paciente são a força e os anos de experiência das duas senhoras. Passou pela minha cabeça, por um segundo, a imagem da enfermeira da frente tropeçando, soltando a maca e eu indo parar do outro lado do hospital. Graças a Deus, foram só alguns segundos de pensamento, o suficiente para terminarmos a rampa e chegarmos sãs e salvas. O hospital-maternidade São Francisco de Assis, o único de Três Pontas, é bem antigo. Parece a casa da minha avó, com portas e janelas enormes, venezianas de madeira e pé-direito alto. Um ar de casa, de aconchego. Um algo a mais para os que entram e os que saem. Em São Paulo, o hospital seria moderno, superaparelhado, mas sem o colo, que ali me pareceu mais com um ninho para a chegada do meu bebê.

Quem me recebeu e me mudou de maca foi o Roberto, um amigo de adolescência, colega de escola, com quem perdi contato há anos. Ele é agora o enfermeiro da sala de cirurgia, e aquele era o seu plantão. Eu estava com medo. Até hoje minhas experiências com cirurgias não haviam sido as melhores. Muita dor, mal-estar, sofrimento. Mas alguma coisa me dizia que, desta vez, seria diferente. E foi. A anestesia foi perfeita. Não senti nada e não vomitei os três pedaços de pizza e a vitamina de frutas. Tudo correu bem. Naquela sala pequena e simples, com janela de vidraça, meu filho nasceu, às dez para a meia-noite. Veio ao mundo como vêm os bebês. Sujo, enrugado, inchado, aos prantos e ao susto. Um menino grande e forte. A pediatra o examinou, aspirou e o colocou no meu peito, perto de mim. Minha mãe, na sala de parto, chorou. Eu e o Antônio ficamos tranquilos, quietos, sentindo a respiração um do outro. Foi um instante rápido, até a doutora me avisar que precisava levá-lo ao berçário, para dar banho. Minha mãe foi junto. Eu fiquei com os médicos e o enfermeiro. Na vidraça, uma chuva forte batia. Faltou luz. Por alguns segundos – que pareceram intermináveis horas – ficamos no breu. Pensei: "Meu pai, agora vão ter que terminar de me costurar à luz de velas." Logo o gerador do hospital entrou em ação e o escuro se desfez. Foram ainda uns quarenta minutos até tudo terminar. Saí da sala de cirurgia com frio, cansada, aliviada. A família esperava por mim. Não prestei atenção no que falavam. Só guardei o que minha avó disse:

– Seu filho, o Antônio, é abençoado. Ele trouxe a chuva.

Havia três meses não chovia em Três Pontas... As enfermeiras levaram a maca até o quarto. Na veneziana de madeira, a chuva grossa escorria.

Pós-parto

No final, como diria o poeta, tudo deu certo. Eu e o Antônio sobrevivemos à gravidez, à correria e ao parto. O Felipe e o Daniel também. Não sei como vai ser daqui para a frente. Outra vez, o festival foi lindo mas a conta não fechou. Estamos os dois sem emprego fixo e com uma família maior. Eu poderia entrar em desespero, mas não sei como fazer isso com um bebezinho tão querido para cuidar, um rapaz para ajudar a acabar de crescer e um companheiro para dividir tudo isso. É como se só houvesse espaço para a alegria. Sei que não vai ser fácil. Os próximos meses provavelmente serão complicados, até tudo se acertar, se por acaso se acertar. Mas sou otimista. Tenho os homens da minha vida ao meu redor e, se já tinha motivos para não desanimar, agora tenho mais um: lindo, bochechudo e de olhinhos sorridentes.

O texto deste livro foi composto em Warnock Pro e ITC Legacy Sans.
A impressão se deu sobre papel off-white 80g/m²
pela gráfica Markgraf.